BIBLIOTHÈQUE DES ÉCOLES ET DES FAMILLES

JULES SIMON

DE L'ACADÉMIE FRANÇAISE

LE LIVRE DU PETIT CITOYEN

PARIS

LIBRAIRIE HACHETTE ET Cie

79, BOULEVARD SAINT-GERMAIN, 79

PARIS. — IMPRIMERIE ÉMILE MARTINET RUE MIGNON, 2

LE LIVRE

DU

PETIT CITOYEN

SAINT-JEAN-DHEVELAY.

BIBLIOTHÈQUE

DES ÉCOLES ET DES FAMILLES

LE LIVRE

DU

PETIT CITOYEN

PAR

JULES SIMON

PARIS

LIBRAIRIE HACHETTE ET Cie

79, BOULEVARD SAINT-GERMAIN, 79

1880

PARIS. — IMPRIMERIE ÉMILE MARTINET, RUE MIGNON, 2.

I

LE VILLAGE DE SAINT-JEAN-BRÉVELAY

Je m'étais toujours promis, si jamais je pouvais me donner quinze jours de liberté, d'aller les passer à Saint-Jean-Brévelay. C'est un petit bourg du Morbihan, assez mal situé au milieu des landes. Quelques champs passablement cultivés, quelques chemins creux bordés d'arbres, avec une rivière poissonneuse, en forment tout l'agrément; mais c'est là que j'ai été élevé. J'ai perdu tous ceux que j'aimais il y a cinquante ans, et j'espérais faire revivre leurs chères images en visitant les lieux où nous avons vécu ensemble. Il me reste d'ailleurs, à Saint-Jean même, un ami de ce temps-là, mon ami Jean Le Flô, ancien instituteur de la commune et ancien caporal au 14e de ligne.

Jean Le Flô n'a jamais été un correspondant très actif. D'abord, il soigne ses lettres comme une page d'écriture; ensuite, il les compose avec tout le soin d'un auteur qui écrit un livre. Ce sont plutôt des dissertations que des lettres; on pourrait les publier avec des sous-titres. Je suis moi-même un peu négligent, pour d'autres motifs. Je ne savais trop dans quel état je le trouverais, lorsque je me décidai, l'été dernier, à aller le surprendre. Je laissai mes bagages à la station la plus voisine, et je partis à pied pour aller trouver mon vieux camarade.

J'avais bien trois lieues de pays à faire, presque toutes au milieu de landes désertes, et par des chemins à peine tracés. Je me retrouvai cependant sans la moindre difficulté, marchant devant moi avec une assurance dont je m'émerveillai le soir en y réfléchissant. En sortant des rochers de Kerdroguen, j'aperçus tout à coup le petit clocher pointu, surmonté de son coq de cuivre, l'immense sapin qui s'élève tout à côté, et le toit de Kerjau, notre maison; mais à partir de ce moment je ne fis que marcher de surprise en surprise. Il n'y avait pas autrefois d'autre toit d'ardoises dans le bourg entier que notre Kerjau; à présent je voyais les chaumières remplacées par des maisons à un étage, couvertes de belles ardoises rayonnant au soleil. Le nombre des maisons paraissait aussi plus que doublé. J'entrai dans une belle route, bien empierrée, proprement entretenue, qui me conduisit au commencement du bourg. Une inscription avertissait le voyageur qu'il entrait dans Saint-Jean-Brévelay, département du Morbihan, arrondissement de Ploërmel, à 32 kilomètres de Vannes. On n'avait pas de ces prévenances pour les étrangers en 1825. Il est vrai que la plupart des « étrangers » ne savaient pas lire. Un autre écriteau m'apprit que je me trouvais dans la *Rue de la République*. Chaque maison portait un numéro, et, pour comble de magnificence, un cordeau placé en travers de la rue supportait un réverbère. La rue de la République me conduisit à une belle place, au milieu de laquelle je vis avec admiration une fontaine, d'où sortait un clair ruisseau. Je me rappelai fort bien la fontaine; elle se trouvait autrefois au milieu des champs; on l'a élargie, entourée de pierres bien taillées; on a planté des arbres tout autour, de manière à faire un joli bouquet de verdure; son eau limpide tombe d'abord dans une auge assez vaste, où les bestiaux peuvent s'abreuver. Sur l'arrière-plan est la mairie, flanquée à droite et à gauche de l'école des garçons et de l'école des filles; je vois luire de loin, dans la rue qui mène au cimetière et à l'église, des panonceaux. Un notaire! En 1825, le notaire était à Bignan, les écoles n'étaient nulle part; il fallait, pour en trouver, aller jusqu'aux grandes villes, telles que Ploërmel ou Josselin; la salle basse de la ferme de Pénic-Pichon servait de mairie. Les boutiques aussi sont venues : un mercier; nous en avions déjà un, sous la Restauration, mais j'en aperçois un second puis un troisième; celui-ci est en même temps épicier, car voilà des chandelles, de la mélasse, des morues, et marchand de drap : drap de Sedan, drap d'Elbeuf, ratine; et peut-être libraire, si j'en juge par ces images coloriées, et ces quinze ou vingt volumes rangés sur une planche avec ostentation. A côté du bazar (je l'avais d'abord pris pour une boutique; mais je vois à présent, par une belle enseigne, que c'est un bazar : bazar à l'instar de Paris), à côté du bazar est le *Café de Paris*, et à côté du *Café de Paris* une marchande de modes de Paris. Par bonheur, je ne vois dans la devanture que des capuchons, des coiffes et des tabliers. Malgré cette preuve de bonhomie, j'ai grand'peur que mes compatriotes ne soient devenues assez sottes pour préférer les modes de Vannes à la mode plusieurs fois séculaire de Saint-Jean-Brévelay.

Tout à coup, pendant que je contemple ces merveilles, je découvre que je suis moi-même l'objet d'une curiosité tout aussi vive. Vingt ou trente gamins, depuis deux ans jusqu'à dix ou douze, sont sur mes talons, me regardant de tous leurs yeux. Dès qu'ils voient que je fais attention à eux, un mouvement d'effarement et de recul se produit sur les premiers rangs; deux ou trois des mieux mis et des plus âgés ôtent poliment leurs casquettes, et me font leurs offres de service. « Monsieur veut-il aller au *Cheval blanc?* — Je parie que monsieur va chez M. le recteur! Monsieur, le presbytère est par ici. »

Comprenant à mon tour que ce n'est pas le moment de flâner, je leur demande la maison de Jean Le Flô.

Jean Le Flô! toutes ces petites têtes se regardent. Il est évident qu'ils ne connaissent pas Jean Le Flô. J'en suis tout saisi. Est-ce que mon ami serait mort? « Jean Le Flô! l'ancien instituteur! le père de Julienne! » Même étonnement, même silence. J'allais demander à être conduit chez le recteur, car je voyais bien que tout le monde était encore au labourage, quand je me souvins que Le Flô était officier d'académie. « Le monsieur que je demande, dis-je à mon auditoire devenu aussi très anxieux, porte à sa boutonnière un ruban violet. » — « M. l'adjoint! s'écrièrent ensemble toutes les voix. Par ici, monsieur! je vais vous conduire, monsieur! » Et de rire, et de sauter, et de frapper des mains, et de me saluer de plus belle. Adjoint, mon Dieu! qui eût pu le prévoir? et populaire, à n'en pas douter. Je me sentis plein de joie. « Allons chez M. l'adjoint, dis-je à mon tour! » On me fait rétrograder jusqu'au bazar. « C'est ici! vous êtes rendu! » Au bazar! au bazar à l'instar de Paris! Je pousse une claire-voie proprement peinte en vert, et qui fait tinter une sonnette. Une femme assez mûre, mais avenante, se présente : « Julienne! — Mon parrain! » Je l'embrasse de tout mon cœur. — « Et ton père! — Il est là-haut, à défaire un ballot de livres! Quelle joie pour lui de vous voir, mon parrain! » Elle se précipite dans l'escalier, je cours après elle, trois ou quatre enfants nous suivent, à ce qu'il me semble, en criant plus fort que nous. Le Flô nous a entendus. Il ouvre une porte, me tend les bras : « Mon Jules ! » Puis se reprenant : « Monsieur le sénateur ! » Et sur cette belle parole, il se trouve si ridicule, et nous le trouvons, Julienne et moi, si ridicule, que nous nous mettons tous les trois à éclater de rire jusqu'à en verser des larmes. Les enfants rient comme nous, sans savoir pourquoi. Je vois à présent qu'il n'y en a que deux : un garçon de onze ans, une fille de neuf. On m'explique que Julienne a fait un grand mariage, que son mari a un véritable génie pour le commerce. C'est Le Breton, qui était commis chez Ruello en 1848. Il est en courses, il va revenir. Jean Le Flô, pris d'émulation en voyant les succès de son gendre, a monté de son côté un petit fonds de librairie. Je vois au demi-sourire de Julienne que ce n'est pas la meilleure source du revenu de la maison. Mon ami Jean n'était pas né pour faire fortune. En revanche, il est devenu adjoint. Il y a gros à parier qu'il est le vrai maire de la commune. Et moi qui craignais de le trouver dans la gêne avec ses 160 francs de retraite ! Deux heures après, Le Breton était revenu, et je me trouvais à table au milieu de la famille, toute joyeuse de mon arrivée. Voilà comment je suis rentré dans mon pays natal, après une absence de cinquante ans. Je n'ai jamais été plus heureux que ce soir-là.

II

LA LOI

Jean, qui connaît mes habitudes, puisqu'il a été mon domestique (je peux bien le dire, il le répète à tout propos), est entré dans ma chambre à six heures du matin, avec son petit-fils : « Voilà, dit-il, un petit citoyen... »

Le petit citoyen se prit d'amitié pour moi, afin sans doute de suivre l'exemple de sa famille. Il m'appelait son parrain, persuadé qu'il en avait le droit, puisque sa mère était ma filleule. C'était un garçonnet bien bâti, passablement déluré, et qui, ayant toujours vécu dans la plus étroite intimité avec son grand-père, était singulièrement avisé et précoce, comme je ne tardai pas à le voir. Il était fort préoccupé de politique, et ce n'était pas étonnant, son grand-père ne parlant jamais d'autre chose; il va sans dire qu'il n'y entendait rien, et qu'on le rembarrait de la bonne façon, quand il demandait ce que c'est qu'un socialiste ou un intransigeant. Il essaya d'être plus heureux avec moi. « Mon parrain, que font donc les députés à Paris? Pourquoi dit-on qu'ils sont toujours à se disputer?

— Mon ami, lui dis-je, je te parlerai de Paris et du gouvernement une autre fois. Aujourd'hui, si cela t'amuse, je vais te faire connaître Saint-Jean-Brévelay.

— Oh! pour celui-là, mon parrain, je le connais mieux que vous. Il n'y a pas un coin dans tout le bourg où je ne puisse aller les yeux fermés. Nous avons le maire, M. Barbier, qui ne vient presque jamais ici, et est toujours à Josselin; M. le recteur; M. Éven, le vicaire; M. Gaudin, le juge de paix; M. Le Gonidec, qui est notaire; Jean-Louis, le fournier; les deux bouchers, M. Denys et M. Guérin. M. Guérin est conseiller municipal; grand-père dit que c'est un blanc et un aristocrate. Le médecin, M. Boussicault, demeure à Plumelec; il ne vient ici que le dimanche et le mercredi. M. de Saré...

— Dis-moi, mon cher enfant, es-tu allé à Plumelec?

— Bien des fois, mon parrain. Il n'y a pas une lieue!

— Et le bourg, est-il aussi propre que Saint-Jean? Qu'en penses-tu?

— Il s'en faut bien! Il n'y a pas de réverbères;

les rues ne sont pas empierrées; elles ne sont pas balayées. On voit des gens toute la journée, et quelquefois toute la nuit, dans les cabarets, à crier et à se battre; les enfants ne vont pas à l'école, ils sont tous malpropres, tous déguenillés. On dit qu'ils ne font que voler des fruits. C'est un mauvais pays, mon parrain. Quelle différence avec nous!

— Mais sais-tu d'où vient cette différence?

— C'est grand-père. Tout le monde vous le dira, même à Plumelec. Quand on leur reproche leur mauvaise conduite, ils ne manquent pas de répondre : Oh! si nous avions un adjoint comme le vôtre!

— Mais comment s'y prend ton grand-père pour conduire si bien sa commune?

— Comment il s'y prend? Je ne sais pas, mon parrain! C'est la crème des honnêtes gens. Ici tout le monde l'aime, et tout le monde a peur de lui.

— Cependant ce n'est pas lui qui balaie les rues, qui allume les réverbères, qui va le soir fermer les cabarets et qui mène les enfants à l'école?

— Non! non! non! Il fait, voyez-vous, des arrêtés, qu'il écrit lui-même, en bâtarde, sur de grandes feuilles de papier blanc; et quelquefois, c'est maman qui les écrit, quand grand-père a les yeux fatigués, mais c'est toujours lui qui les fait. Jean-Pierre va les coller à la porte de la mairie et à la porte de l'église. Dès le lendemain, tout le monde les a lus. On dit partout : C'est superbe! il a bien raison, monsieur l'adjoint! Et l'on est obligé de lui obéir.

— Mais pourquoi est-on obligé de lui obéir?

— Parce que c'est la loi.

— Est-ce que ton grand-père fait aussi des arrêtés pour empêcher les brigands d'entrer dans les maisons malgré les habitants, de saccager tout ce qui s'y trouve, et de voler leur argent dans leurs tiroirs?

— Il n'y a pas de brigands par ici, mon parrain.

— Mais s'il y en avait?

— Grand-père n'aurait pas besoin de faire des arrêtés pour cela. C'est la raison et la justice que chacun garde ce qu'il a acquis par son travail et ce qui lui est échu par héritage. M. le recteur et M. Éven nous répètent cela tous les dimanches; ils disent que c'est la volonté de Dieu. Grand-père nous réunit quelquefois le soir, pendant l'hiver, dans la grande salle de la mairie, et il nous lit des livres où l'on démontre que, si chacun n'était pas maître de son bien, personne ne se donnerait la peine de travailler pour en amasser. On ne ferait plus de maisons pour s'abriter ni d'étoffes pour se vêtir. Les marins n'iraient pas sur la mer pour rapporter du poisson et toutes sortes d'aliments au péril de leur vie. Les enfants orphelins périraient misérablement. Nous serions dans un état pire que celui des animaux, car plusieurs d'entre eux ont un instinct qui les porte à travailler, comme les abeilles qui ne cessent de faire de bon miel. Il paraît, mon parrain, qu'il y a en Afrique, loin, bien loin d'ici, des pays sauvages où l'on ne connaît pas la loi de Dieu. Là, les faibles sont égorgés ou employés comme des esclaves et des bêtes de somme au service des plus forts, et les forts eux-mêmes vivent comme des bêtes, à moitié nus, dans des cavernes, obligés d'être toujours prêts à se défendre, abandonnés dans leurs maladies, n'ayant jamais auprès d'eux personne à aimer, et personne qui les aime. Grand-père dit que leur nombre va toujours en diminuant, et qu'ils finiront par disparaître de la surface de la terre. Il dit aussi que la loi paraît quelquefois nous gêner, mais qu'en y pensant mieux, on reconnaît que nous lui devons notre sécurité et notre bonheur.

Quand Marie-Jeanne, notre servante, a pétri un bon pain avec de la farine de seigle, elle le porte chez Jean-Louis, le fournier, qui le fait cuire dans son four. Elle est bien sûre qu'il le lui rendra quand il sera cuit; et elle lui donne de l'argent pour cela. Avec cet argent, il achète tout ce qu'il lui faut pour lui et pour sa famille. Il serait bien avancé, avec son four, si personne n'avait confiance en lui! Et M. Boussicault, le médecin, qui guérit tous ceux qui sont malades? Il paraît qu'il a travaillé pendant vingt ans, sans rien gagner, pour se rendre capable de nous guérir. A présent, si on ne le payait pas quand on va le trouver le mercredi, est-ce qu'on en trouverait d'autres pour travailler comme lui à se faire médecins? Il faudrait souffrir sans remède, et peut-être mourir à la moindre maladie. Grand-père dit que les enfants eux-mêmes comprennent tout cela, parce que la justice est une lumière pour l'esprit, comme le soleil est une lumière pour les yeux. Avec la loi, mon parrain, tout le monde a tout ce qu'il lui faut. Mon père ne sait pas faire de souliers; il en achète chez le cordonnier, qui, à son tour, achète du drap à la maison. Je pense, mon parrain, que les gens de Saint-Jean-Brévelay seraient bien embarrassés, s'ils étaient obligés d'aller à Vannes chaque fois qu'ils ont besoin de drap, ou de sucre; tandis que mon père part tous les samedis avec sa carriole, et rapporte le soir des ballots de drap et de toile, du sucre, du café, de la morue, qu'il a payés avec son argent, bien sûr que ceux qui viendront en prendre chez lui, lui paieront ce qu'il a déboursé, avec quelque chose de plus pour ses risques et sa peine. C'est la loi qui fait tout cela. (En riant de tout son cœur :) Il n'y a pas besoin des arrêtés de grand-père, puisque la loi est là. Il dit qu'elle est notre protectrice, notre bienfaitrice. Il a bien raison. Quand M. Ozon, l'ancien maire, est mort, c'était une pitié de voir ses enfants. Madame Ozon était morte la première; ils n'avaient aucun parent, personne pour s'occuper d'eux. J'étais trop petit alors pour connaître la loi. Ils étaient à peu près de mon âge. Je dis à maman : Il faudra les prendre chez nous. Elle me répondit : Sois tranquille; ils ne manqueront de rien. Ils sont bien malheureux d'avoir perdu leur père; il ne pourra plus les aimer et les surveiller;

mais, quoique mort, il pourvoira à tous leurs besoins. Tout ce qui était à lui, de son vivant, est à eux, en vertu de la loi. »

Mon jeune philosophe s'arrêta ici, trouvant avec raison qu'il avait fourni une assez longue carrière. C'était du Jean Le Flô tout pur : je reconnaissais jusqu'à ses tournures de phrases; c'était aussi sa manie de pérorer, qui était passée dans le sang, comme je pouvais le voir. Mais le petit homme comprenait évidemment ce qu'il disait; si les mots n'étaient pas de lui, il s'était approprié le fond des idées.

« Il doit y avoir ici comme ailleurs, lui dis-je, des gens qui fraudent la loi.

— Jamais, mon parrain, répondit-il avec assurance.

— Si pourtant cela arrivait, que ferait-on?

— Oh! je vois que vous voulez parler de Mathurin le came (le boiteux), qui avait volé un mouton à la foire de Loc-Maria. Eh bien! le juge est venu, et le gendarme. On l'a mis en prison, le pauvre diable. Sa femme est bien malheureuse depuis. Elle vient en journée à la maison, parce que maman dit qu'elle ne souffre pas par sa propre faute.

— Mais Mathurin, lui dis-je (je pouvais bien deviner cela sans être sorcier), s'est enfui en voyant le gendarme; et quand il s'est vu pris, il a lutté contre lui, et lui a donné un mauvais coup.

— Oui, sans doute. Et alors, l'autre gendarme est

venu; il en serait venu trois, quatre, toute la brigade. Il faut que force reste à la loi, comme dit grand-père. On ne peut jamais rien contre la loi. On serait allé à Bignan chercher l'autre brigade, s'il avait fallu; on serait allé jusqu'à Vannes. »

Nous nous étions avancés jusqu'à la petite place qui est devant Kerjau, au-dessous du cimetière, en causant ainsi, et nous nous étions assis sur un banc de pierre que j'ai vu là de tout temps. Le soleil était assez ardent, et nous étions protégés par l'ombre épaisse du sapin. Une pauvre femme portant un nfant dans ses bras, tandis qu'un autre la suivait en la tenant par son jupon, me demanda la charité. « Comment vas-tu, mon Jeannic, dit-elle à mon jeune compagnon. Et comment va madame Julienne? et notre maître? et toute la maisonnée? — On va bien, répondit l'enfant. Et vous, Brigitte, M. Boussicault vous a-t-il guérie? — Il ne me guérira pas, mon Jeannic, » dit-elle. Ses yeux se mouillèrent, et elle embrassa l'enfant qu'elle tenait dans ses bras. Je lui donnai quelque menue monnaie. « Est-ce vrai, monsieur, me dit-elle, que vous êtes un des fils de Marguerite? On dit que vous êtes revenu dans le pays, et ce sera une grande bénédiction pour les malheureux si vous ressemblez à votre mère. » Elle était trop jeune pour avoir connu celle dont elle parlait; mais nous autres Bretons, nous avons la *mémoire* longue; et puis, Jean Le Flô n'était pas homme à nous laisser oublier.

Je dis à Jeannic, après qu'elle fut partie : « Toi qui connais si bien Saint-Jean-Brévelay, dis-moi un peu l'histoire de cette malheureuse. »

Mais il avait perdu sa faconde. « Son mari est mort. Elle a eu des fièvres. Elle ne peut pas travailler. — Et de quoi est-il mort? — C'est à la foire. Il a reçu un mauvais coup. On dit qu'il la battait. C'était un ivrogne et un paresseux. — Et tu vas jusqu'au fond de l'Afrique, mon pauvre ami, pour trouver des sauvages et des violateurs de la loi? »

L'enfant était tout pensif. « Expliquez-moi, mon parrain, me dit-il, pourquoi grand-père n'empêche pas cela. Je sais qu'il y pense. Il dit qu'on ne l'aide pas, qu'on ne veut pas l'écouter. Puisque cette pauvre femme n'a pas fait de mal, pourquoi est-elle abandonnée par la loi?

— La loi, mon cher ami, garantit tous les droits, comme tu le disais très bien tout à l'heure; elle punit toutes les fautes, comme tu viens de le dire à présent. Elle ne peut pas les empêcher toutes; elle ne peut pas non plus en supprimer toutes les conséquences. La loi est souveraine et toute-puissante dans la double fonction de garantir les droits et de punir les fautes. Elle doit et peut y parvenir. Si elle n'y réussit pas, c'est qu'elle est mal faite ou mal appliquée. Mais, empêcher la faute de se commettre, assurer à tous les hommes, non seulement ce qui leur appartient, mais ce qui leur serait utile ou agréable, c'est une tâche bien autrement difficile, à laquelle la loi doit toujours tendre, mais qu'elle n'arrivera jamais à réaliser complètement. Le père de famille le plus intelligent, le plus ferme, le plus tendre, n'empêche pas toujours son fils de devenir un mauvais sujet. Ce qu'il ne peut faire dans le petit monde restreint qu'il gouverne, comment le maire le ferait-il dans la commune, ou le chef de l'État dans un grand pays comme la France? On a imaginé beaucoup de remèdes, destinés à rendre les hommes parfaits, à les rendre égaux, à les préserver de la misère. Tous ces systèmes, très différents entre eux, ont pourtant un côté commun : c'est qu'ils ne tiennent aucun compte de la liberté; ils nous traitent comme des automates, qu'on fait marcher avec des ficelles. Ils en ont encore un autre : c'est qu'ils sont impraticables. Personne ne pourrait les imposer, et personne ne voudrait s'y soumettre. Tout ce que peut la loi pour prévenir les fautes, c'est de donner à tout le monde une bonne éducation. Tu vois que ton grand-père l'a fait à Saint-Jean-Brévelay, où vous avez des écoles excellentes. Il faut être bien paresseux pour ne pas être en état de gagner sa vie quand on en sort, et bien pervers pour n'y avoir pas contracté l'habitude de remplir son devoir. La loi peut aussi fournir aux indigents des moyens de travail et d'épargne, fonder des hôpitaux pour les malades et des asiles pour les vieillards...

— C'est cela! c'est cela! mon parrain. J'ai entendu grand-père dire qu'il voulait fonder des ateliers d'apprentissage, une caisse pour la vieillesse, un hôpital, une maison d'asile. Grand-père le fera ! grand-père le fera ! Il le fera certainement, puisque la loi le veut. »

C'est ainsi que Jeannic Le Breton et moi nous avons défini la loi et pourfendu les socialistes devant la porte de Kerjau, le 5 août de l'année dernière.

III

LE MAIRE

Quand le dimanche fut arrivé, je fis avec Jeannic une grande promenade autour du bourg. Je vis la ferme de Pénic-Pichon, la maison de Guillemot, qu'on appelait autrefois la Maison Blanche, et une caserne de gendarmerie que mon compagnon voulut à toute force me faire admirer, sous prétexte qu'elle avait trois étages, ce qui n'était nullement vrai, car elle n'avait que deux étages et une mansarde. J'appris plus tard que les pompes à incendie occupaient le rez-de-chaussée, et que le second étage servait de magasin général.

« Explique-moi, si tu le sais, dis-je à Jeannic, pourquoi mon ami Le Flô n'est pas maire.

— Il ne l'a jamais voulu. On a été plusieurs jours

à le prier. Tous les conseillers municipaux disaient qu'ils n'en accepteraient pas d'autre. Un samedi, comme mon père était à Vannes, le préfet le fit venir, et il lui dit : « Je le ferai nommer malgré lui. » Mon père nous raconta sa visite le lendemain, pendant le dîner; il disait à grand-père : « Ce sera très honorable pour vous. » Maman le poussait aussi à accepter : « Il y a tant de bien à faire ! personne que vous ne le fera ! » Mais il répétait tout le temps qu'il n'occuperait jamais la première place dans Saint-Jean, que cela ne serait pas convenable. Enfin, il écrivit au préfet qu'il consentirait à être adjoint. On a choisi pour maire M. Barbier, qui est paralytique, et qui demeure à une demi-lieue du bourg. C'est un homme très riche. Il vient quelquefois ici dans sa voiture, quand grand-père lui dit qu'il y a une affaire de conséquence au conseil municipal. Alors il dîne à la maison. Nous l'aimons tous beaucoup, parce qu'il est l'ami de grand-père. « Je ne puis guère t'aider dans l'état où je suis, mon pauvre Jean, dit-il; mais n'épargne pas ma bourse. » Et mon grand-père lui répond en riant : « Compte sur moi ! » Avec tout cela, mon parrain, je ne comprends pas pourquoi il n'a pas voulu être maire. »

Pour moi, qui connais l'âme de Jean Le Flô dans tous ses recoins, je le comprenais parfaitement. Je me contentai de dire à l'enfant : « C'est par modestie. » Et au fond je disais la vérité. « Tu me dis, mon ami, que le conseil municipal voulait le forcer à être maire, que le préfet voulait le faire nommer malgré lui. Sais-tu comment on fait un maire?

— Oui, mon parrain. Avant tout, il faut être conseiller municipal.

— Et comment sont nommés les conseillers municipaux?

— Ils sont élus par les habitants de la commune. Tous les habitants âgés de plus de vingt et un ans, et demeurant dans la commune depuis au moins six mois, sont électeurs pour les élections politiques. Pour les élections municipales, il faut deux ans de résidence consécutive. Ces deux ans sont réduits à un an pour ceux qui se sont mariés dans la commune ou qui sont inscrits au rôle d'une contribution, et à six mois pour les citoyens nés dans la commune, ou qui, sans y être nés, y ont satisfait aux lois de recrutement. Tout électeur est éligible.

— Ainsi, quand Mathurin reviendra de prison, il sera électeur, et il pourra même être élu?

— Non, parce qu'il a perdu ses droits civils et politiques. Les électeurs élisent les conseillers municipaux, et quand les conseillers municipaux sont élus, on prend parmi eux le maire et l'adjoint. On dit qu'à Vannes il y a trois adjoints; mais ici, nous n'en avons qu'un. Dans les communes qui ne sont pas chefs-lieux de canton, comme Plumelec, Guéhenno, Saint-Allouestre, les conseillers élisent le maire et l'adjoint. Pour les villes et les chefs-lieux de canton, le maire et les adjoints sont nommés par décret du

Président de la République, qui ne peut les choisir que parmi les conseillers municipaux. Vous pensez bien, mon parrain, que ce n'est pas le Président de la République qui fait les choix. Je croyais cela d'abord ; mais grand-père s'est bien moqué de moi. Ce n'est pas le ministre non plus. Le préfet leur envoie ses propositions, en se faisant renseigner lui-même par le sous-préfet ou d'autres personnes en qui il a confiance. Mais il paraît qu'il s'assure par avance que le choix sera bien accueilli par le conseil municipal. Notre préfet disait à mon père : Tout le conseil municipal le demande, et menace de ne pas en accepter d'autre. »

Là-dessus, je l'interrompis. « Le conseil, dis-je, ne peut pas menacer ; il n'a pas le droit de faire ses conditions ; mais il a les moyens de rendre la vie difficile et même impossible à un maire qui lui serait désagréable, et il est de la sagesse de l'administration supérieure de prévenir de pareils conflits. — Voyons à présent, mon cher ami, si tu connais les attributions du maire et celles du conseil municipal.

— Je vois, mon parrain, que M. Barbier et grand-père, qui le remplace toujours, sont les chefs de la commune. Ils sont comme chez eux à la mairie ; les appariteurs, le garde-champêtre et le messier leur obéissent ; ils reçoivent les déclarations de naissance et de décès, c'est-à-dire que M. Guillard les reçoit au nom du maire ; ils font les mariages ; ils font des arrêtés de police, et prennent soin que tout le monde s'y conforme. Quand on a bâti la mairie et les écoles, l'architecte venait toujours demander des ordres à grand-père, de sorte que je m'imaginai (j'étais bien petit alors, car il y a trois ans de cela) que c'était grand-père qui les faisait bâtir avec son argent. Grand-père m'expliqua qu'il n'était pas du tout riche; qu'il n'avait pas de maisons comme mon père; que c'était la commune qui faisait bâtir la mairie avec l'argent que lui rapporte l'octroi, et que toutes les dépenses votées par la commune sont faites sous la direction et l'autorité du maire. C'est aussi le maire qui paraîtrait devant le tribunal, et qui choisirait un avocat et un avoué, si la commune avait un procès. C'est lui qui signe le contrat, quand la commune vend ou achète quelque chose. Dans les communes qui n'ont pas de commissaire de police, et il n'y en a pas ici, mon parrain, c'est bien malheureux, le maire va au prétoire devant le juge de paix, expliquer les désordres qui ont eu lieu dans le bourg, afin que le juge de paix prononce une peine, s'il y a lieu. Enfin, c'est lui qui correspond avec le sous-préfet et le préfet, qui fait publier les lois, qui assiste, avec le préfet et le conseiller général, au conseil de révision. Il fait tout cela pour rien, mon parrain, et je vous assure qu'il est bien occupé.

— Et le conseil municipal, mon ami?

— Je crois, dit Jeannic, qu'il administre la fortune du bourg. Ici, nous sommes assez riches; le quart de la forêt de Kériennec appartient à la commune, qui en tire de bons revenus. Nous avons aussi les produits de l'octroi. C'est le conseil municipal qui décide de tout, soit pour la perception des revenus, soit pour la dépense. On ne peut ni vendre, ni acheter, ni bâtir, que quand il l'a décidé. Il peut aussi voter un impôt qui est payé par les habitants de la commune, et qu'on appelle les centimes additionnels; mais son vote à cet égard n'est que l'expression d'un vœu, quand il dépasse cinq centimes à percevoir pendant cinq années. Passé ce chiffre, il faut un arrêté préfectoral, un décret ou une loi : un décret, quand les revenus de la commune sont supérieur à 100 000 francs; une loi, quand il s'agit d'un emprunt qui porte la dette communale au delà d'un million.

Une autre attribution du conseil municipal, c'est de nommer un délégué pour les élections sénatoriales. Il peut le choisir dans son sein ou hors de son sein. Enfin, il donne son avis sur la question de savoir si les écoles de la commune seront confiées à des laïques ou à des congréganistes.

Quand grand-père a quitté l'école, il y a bien longtemps de cela, puisque je n'étais pas né, M. Éven voulait appeler des frères des écoles chrétiennes, au lieu de M. Guillard, qui avait écrit à l'inspecteur d'académie pour lui demander la place. Le conseil municipal émit un vœu, à une grande majorité, pour que l'école fût confiée à un laïque. Cela fit une grosse affaire. L'inspecteur primaire de Ploërmel était pour les frères, comme M. Éven; les délégués cantonaux, tous pour les frères. Le préfet parla d'envoyer des commissaires pour faire une enquête. Une enquête n'aurait rien éclairci, mon parrain. Les gens d'ici sont to[illegible] de votre avis quand vous leur parlez; ils ne sont entêtés que dans leurs votes. Grand-père se ré[illegible] à faire le voyage de Vannes, avec des lettres du maire et de M. de Saré. Il alla trouver le préfet, qui le reçut d'abord [illegible], et lui demanda de quoi il se mêlait, car grand-père n'était pas même conseiller dans ce temps-là. Mais à la fin le préfet vit bien à qui il avait affaire, et il nous donna M. Guillard. Grand-père raconte cela très souvent; il l'a même raconté une fois tout au long à la distribution des prix, et il disait en riant, et en frappant sur l'épaule de M. Guillard : « C'est moi qui vous l'ai donné; c'est le plus grand service que j'aie rendu à la commune. »

IV

LE MARIAGE

Jeannic entra le lendemain dans ma chambre avec l'aurore, en s'écriant, les yeux pétillant de malice : « Mon parrain, vous m'avez promis de me montrer Saint-Jean-Brévelay.

— Mon garçon, répondis-je philosophiquement en mangeant ma galette de blé noir, nous ne sortirons aujourd'hui qu'à onze heures, et nous irons voir le mariage de Guillemot. — Quel bonheur! Irons-nous aussi à l'église? — Oui, nous irons aussi à l'église. — Pourquoi donc se marie-t-on deux fois, une fois à la mairie, et une fois à l'église? M. Èven dit qu'il n'y a de vrai mariage qu'à l'église, et qu'on ne va à la mairie que pour y faire une déclaration. Mais grand-père se met en colère contre lui, et dit que sa montre retarde d'un siècle. Qu'est-ce que cela veut dire, mon parrain? — Cela veut dire que M. Éven ne veut admettre que d'anciennes lois, qui ont été justement abolies depuis près d'un siècle. Ces lois étaient contraires à la liberté, qui est pour un peuple le bien le plus nécessaire, et à l'égalité, qui est un droit sacré parmi les hommes. Pour renverser ces lois, que M. Éven regrette, et pour les remplacer par la loi actuelle, fondée sur la justice et la raison, il a fallu faire la révolution de 1789, qui a produit des maux passagers et un bien durable. — Ainsi, mon parrain, la loi est pour mon grand-père et contre M. Éven? — Oui, mon ami. — Mais M. Éven n'en est pas moins un brave homme? — C'est un homme très bon, très respectable, que nous aimons tous tendrement, quoique nous pensions qu'il se trompe sur beaucoup de points. — Et quand on est marié à la mairie, on est tout à fait marié? — Oui, mon ami. — Quand même on n'irait pas à l'église? — Quand même on n'irait pas à l'église; oui, mon ami. — Pourquoi va-t-on à l'église, alors? — Sais-tu, mon enfant, qu'il y a plusieurs religions? — Oui, mon parrain. Il y a la religion catholique, la religion protestante, la religion juive, la religion mahométane. — Tu oublies le bouddhisme, qui est une religion très répandue, et beaucoup d'autres. Mais il est exact que nous n'avons en France que des catholiques, des protestants et des juifs. Nous avons aussi des musulmans dans l'Afrique française. —

Moi, mon parrain, je suis catholique, et je pense que toutes les autres religions sont fausses. — Et crois-tu que les protestants ne pensent pas aussi que toutes les religions sont fausses, excepté la leur? — Ils le pensent, mon parrain, et c'est pour cela qu'ils sont protestants. — Et toi, que penserais-tu de la loi, si elle les obligeait de se faire catholiques, en dépit de leur opinion et de leur conscience? — La loi ne peut pas faire cela, mon parrain, puisqu'elle est fondée sur la raison et la justice. — Mais l'ancienne loi, celle que la Révolution a détruite et que M. Éven regrette, le faisait. Elle obligeait tout le monde, sous les peines les plus sévères, à se faire catholique, ou du moins à faire semblant d'être catholique. — Cela seul, mon parrain, prouve qu'on a eu raison de la détruire. — Il y avait aussi des États protestants qui regardaient la profession du catholicisme comme un crime punissable de la proscription ou des galères. — Quelle horreur ! Chacun doit être libre d'adorer Dieu suivant sa croyance. — Conserve bien cette doctrine, mon enfant, et que tous les actes de ta vie y soient conformes. Souviens-toi qu'il y a des honnêtes gens dans toutes les religions, comme il y en a dans tous les partis. Ne méprise que les hypocrites, qui cachent leurs opinions par lâcheté ou par intérêt. Notre loi française n'impose à personne les pratiques d'aucun culte, et elle ne les interdit non plus à personne. Elle dit aux catholiques : Allez à l'église; aux protestants : Allez au temple; aux juifs : Allez à la synagogue; aux musulmans : Allez à la mosquée. Écoute bien ce que dira ton grand-père aux nouveaux mariés. Il ne leur demandera pas s'ils sont catholiques ou protestants. Il n'a pas le droit de le leur demander comme représentant de la loi, puisque la loi les laisse absolument libres à cet égard. Au contraire, dès qu'ils seront à l'église, le prêtre leur demandera s'ils sont de la religion catholique, apostolique et romaine. Pourquoi cela? C'est parce que les bénédictions d'une Église n'ont de prix que pour ceux qui font partie de cette Église. Ainsi, on va à la mairie pour obéir à la loi, et on va à l'église ou au temple pour obéir à sa foi. Comprends-tu bien cela, mon cher petit? — Je crois que oui, mon parrain. Je suis obligé d'être citoyen, et je suis libre d'être catholique. »

Je l'embrassai, et je pensai que maître Le Flô n'avait pas perdu sa peine avec lui.

Je l'avais averti d'être très attentif à tout ce qu'il verrait et à tout ce qu'il entendrait; mais je croyais qu'il se bornerait à ouvrir de grands yeux, à regarder tout ce monde endimanché, et à se faire caresser par les filles d'honneur. Il n'en fut rien. Un mariage n'était pas pour lui une rareté. Comme il ne quittait jamais Le Flô d'une semelle, il était un des habitués de la mairie. Je m'aperçus de la liberté de son esprit par les questions qu'il me fit ensuite sur le chemin de l'église.

« Mon parrain, pourquoi dit-on que Guillemot est

fils majeur, et que Marianne est fille mineure? — Mon ami, on est mineur jusqu'à 21 ans; et à partir de 21 ans, on est majeur. — Qu'est-ce que cela, mon parrain, être mineur ou majeur? — Mon ami, quand on est encore mineur, on ne peut disposer de ses biens, si l'on en a, ni même de ses actions, sans la permission de son père, ou, si l'on a perdu son père, du tuteur qui le remplace. — Mais, mon parrain, quand on a 21 ans, on est majeur, on n'a plus besoin de la permission de personne? — De personne. — On peut vendre, acheter, demeurer où l'on veut, voyager, avoir des domestiques? — Certainement. Et les hommes peuvent aussi voter dans les élections. — Enfin, on n'a plus besoin de demander des permissions, on fait tout à sa volonté? — Oui. — Alors, pourquoi disait-on tout à l'heure que le père et la mère de Jean-Marie Guillemot étaient présents et consentants? — C'est que le mariage étant l'acte le plus important de la vie, on a voulu que les enfants, même majeurs, fussent tenus jusqu'à 21 ans pour les filles, et jusqu'à 25 ans pour les garçons, d'obtenir le consentement de leur père et de leur mère. — Et pourquoi le mariage est-il l'acte le plus important de la vie? — Comment, Jeannic, tu ne vois pas que ces jeunes mariés forment maintenant une famille nouvelle? qu'ils vont habiter dans leur maison? qu'ils seront heureux s'ils ont bien choisi en se prenant pour mari et femme, et malheureux s'ils se sont trompés? qu'ils vont à leur tour avoir des enfants? qu'ils seront chargés de les élever et de les instruire? — Oui, mon parrain. — Quand tu seras plus grand, tu comprendras mieux ces choses. Il suffit que tu t'accoutumes dès à présent à songer que la famille est ce qu'il y a de plus sacré devant Dieu et devant les hommes. Tous ceux qui la composent, le père, la mère, les enfants, doivent rester étroitement unis. Le père et la mère doivent être prêts à donner leur vie, s'il le fallait, pour leurs enfants. Ils doivent leur donner le bon exemple, leur enseigner le devoir, leur inspirer de bons sentiments, les préparer à l'avance pour toutes les difficultés qu'ils rencontreront dans la vie. Ils doivent leur faire aimer la loi, qui n'est autre chose que la forme écrite du devoir. Les enfants, de leur côté, ne sauraient avoir trop d'amour et de reconnaissance pour leurs parents. Ils doivent leur obéir, et s'efforcer de les rendre heureux. — Oh! mon parrain, vous parlez tout à fait comme M. Éven! — Oui, sans doute, parce que nous parlons l'un et l'autre comme d'honnêtes gens que nous sommes. Et ton grand-père parle-t-il autrement? As-tu vu tout à l'heure comme on l'écoutait? Marianne s'est mise à pleurer. — Et maman aussi pleurait. — Et elle pensait, mon enfant, qu'elle a été une heureuse fille et une heureuse épouse; et il dépend de toi, mon Jeannic, et de ta petite sœur, qu'elle soit aussi la plus heureuse des mères. »

A l'église, je fus complètement séparé de mon compagnon. La mariée et les filles d'honneur l'avaient accaparé. Il donna la main à l'une d'elles pour faire la quête; il tint, avec une autre, le voile sur la tête des mariés pendant la bénédiction. « Prends garde que ton petit-fils ne soit trop choyé, dis-je en sortant à Jean Le Flô. Nous avons été menés plus rudement, toi et moi, et cela ne nous a pas nui. C'est déjà beaucoup d'être le petit-fils de monsieur l'adjoint. Tu ne peux lui enlever cela; mais, à ta place, je le tiendrais dans le rang avec ses camarades. » Jean Le Flô grommelait un peu, en entendant tout cela, mais il sentait que j'avais raison. Au dîner, Jeannic ne le quitta pas; il fut renvoyé au dessert. Il prit son malheur en bonne part, car je vis par la fenêtre qu'il se donnait une raclée avec un camarade. Un quart d'heure après, il était engagé à fond de train dans une partie de barres.

« Te rappelles-tu la noce de mademoiselle Ozon, qui est à présent madame Guillemot, la mère du nouveau marié? dis-je à Jean Le Flô. — Oui, me dit-il. Nous étions plus de mille dans le courtil, assis sur la terre et les pieds dans des sillons qu'on avait creusés exprès. On avait fait rôtir un bœuf tout entier dans le champ voisin; à chaque bout de la table, il y avait deux barriques de cidre. Les jeunes gens portaient la viande sur de grands plats, avec le bignou et la bombarde sonnant devant eux. Nous avons dansé jusqu'au soir. Et puis on a étendu un grand drap devant la porte de Guillemot, et tous les invités sont venus y porter leurs présents : des quenouilles, des pipes, des assiettes, des poupées de lin et de chanvre, de la toile, de l'argent. Tout le monde riait et applaudissait. Les petits présents étaient faits sans fausse honte et reçus avec cordialité. » Il réfléchit un moment. « Je pourrai bien, reprit-il, te faire voir cela encore une fois. — Que dis-tu là! m'écriai-je en riant; est-ce que tu vas te remarier? — Non, répondit-il sur le même ton, mais j'ai mon idée... Je crois, ajouta-t-il après un moment, qu'on pourrait garder les vieilles coutumes sans garder les vieux préjugés. Je ne rougis pas d'être paysan, au contraire; mais, comme paysan, je me crois l'égal des bourgeois et des nobles. » J'eus un peu de malice avec lui : « Eh! eh! lui dis-je, tu as eu ton grain d'ambition en 1848, quand tu as voulu être représentant. — J'avais tort, me dit-il en riant; je n'avais pas les connaissances nécessaires. Je ne pensais qu'à nos écoles; elles ont bien marché, grâce à vous tous, et pourtant il reste beaucoup à faire. »

V

L'ÉCOLE

Je m'en fus visiter les écoles le lendemain, car M. l'adjoint commençait à trouver que ma visite avait bien-tardé. Jeannic, comme de raison, nous accompagna. « Je vais te montrer ton école, » lui dis-je en lui tirant l'oreille; mais il commençait à penser que j'avais beaucoup à lui apprendre sur les choses qu'il connaissait le mieux. M. Guillard nous attendait sur la porte de l'école des garçons, et je fus bien aise de voir avec quelle amitié Le Flô et lui se serraient la main. « Vous trouverez du changement depuis votre visite en 1848, » me dit-il.

On n'était pas encore en vacances. Guillard et Le Flô, d'un commun accord, avaient imaginé de réduire les vacances à quinze jours. En revanche, ils donnaient aux fêtes de Pâques un repos de dix jours. Les familles aimaient mieux cela, et les études s'en trouvaient bien, car une interruption d'un mois ou six semaines a pour conséquence ordinaire la nécessité de rapprendre en revenant beaucoup de choses que l'on savait au moment de partir. Je trouvai le local des classes excellent. Il était très bien éclairé, et d'un seul côté, de manière à ménager la vue. Bon plancher, grand espace, plafonds élevés, mobilier d'école bien entendu, bonnes cartes murales suspendues autour de la salle. Je regardai Jean Le Flô ; la même idée nous était venue. Quelle différence avec la misérable échoppe où je l'avais vu! M. Guillard, qui était son successeur immédiat, se la rappela comme nous. « Je crois, dit-il, que je n'aurais pas pu y vivre. Mais on fit très promptement de grandes réparations. Et puis, la prospérité de la commune est venue. Dès que M. Le Flô a eu voix au chapitre, il a demandé la construction d'un groupe scolaire. Nous sommes, grâce à lui, mieux installés que plusieurs grandes villes du département. Nous avons une bibliothèque; j'ai tâché d'y joindre un musée cantonal; on me seconde bien médiocrement pour cela. En somme, tout irait bien si j'avais un maître-adjoint. — Le nombre de vos élèves vous donne le droit d'en avoir un, lui dis-je, en jetant les yeux sur la classe. — Sans doute, mais j'ai laissé passer ma femme avant moi. Elle y avait tous les droits possibles, car son école est supérieure à la mienne. —

Disons seulement qu'elle lui est égale, et ce sera un assez bel éloge, répondit Le Flô. Tu vois, mon cher ami, comment nous avons eu le bonheur de garder M. Guillard. Il y a longtemps qu'il nous aurait quittés, s'il n'avait pas épousé notre excellente institutrice. »

Je fis assez maladroitement le métier d'inspecteur. Pour le bien faire, il faut une habitude que je ne saurais avoir, et, je le crois aussi, un don tout particulier. Je n'arrive jamais à savoir ce que vaut une école que quand j'ai Eugène Manuel à côté de moi. Je vis cependant que l'écriture n'était pas très bonne dans l'école des garçons; elle était lisible, il paraît qu'il fallait se contenter de cela. L'orthographe, en revanche, était passable; elle était même irréprochable chez les trois ou quatre premiers. Le calcul allait très bien; presque tous les enfants faisaient rapidement et sûrement une multiplication et une division. Je fus content de la géographie. On leur enseignait les principales productions de chaque contrée, les grandes routes du commerce, sans surcharger leur mémoire de petits cours d'eau ignorés et de villes insignifiantes. Je trouvai le même esprit pratique dans l'enseignement de l'histoire. Jean faisait donner une grande place à l'histoire de la révolution française; je ne sais comment il s'arrangeait pour cela avec l'inspecteur primaire. Autre accroc aux règlements : ces messieurs me dirent qu'à certaines époques de l'année, où l'agriculture avait besoin des enfants, on ne faisait la classe qu'une seule fois par jour. Pendant que cela durait, on travaillait le jeudi comme les autres jours de la semaine, et même il y avait une classe d'une heure le dimanche. Ils m'assurèrent que les enfants s'accommodaient très bien de ce régime, que le travail des champs ainsi mesuré et modéré les fortifiait et les amusait, et que les études n'en souffraient pas. C'était, au fond, l'application des écoles de demi-temps qu'on a établies avec succès en Angleterre. En France même, les écoles annexées aux fabriques ne sont pas autre chose. Elles démontrent, à mon avis, péremptoirement, que tous nos règlements scolaires consacrent trop de temps à l'étude proprement dite, et en donnent beaucoup trop peu à la gymnastique, au travail manuel et au jeu.

Je me trouvais là en pleine communauté d'idées avec mes deux amis. M. Guillard était un gymnaste très prudent et très habile. Il me fit voir les exercices des deux écoles, car il montrait aussi la gymnastique aux jeunes filles. Les exercices militaires n'étaient pas oubliés, à la grande joie des garçons. On leur avait donné quelques trompettes, avec lesquelles ils faisaient un tapage à réveiller les morts. Le Flô m'assura que les plus âgés s'exerçaient avec succès au tir à l'arbalète, et qu'il me ferait voir cela le dimanche. Il n'osait pas s'aventurer jusqu'aux fusils, à cause du danger et de la dépense.

« Tu y viendras, lui dis-je, et tout le monde avec toi. On ne devient un véritable tireur qu'à la condition d'avoir commencé dès la première jeunesse. Regarde les écoles de cadets en Suisse. Si l'Université n'entre pas dans cette voie, nous multiplierons les sociétés de tir pour suppléer à son inertie; mais rien ne vaut les habitudes d'enfance. Les exercices du corps sont tout aussi utiles que ceux de l'esprit, et contribuent tout autant à former la volonté. Les enfants les aiment comme les jeunes gens, peut-être davantage; ils y réussissent aussi bien, et le temps qu'ils y emploient n'est pas un temps perdu, puisqu'ils le passeraient à s'amuser d'une autre manière. »

Je visitai l'école des filles dans l'après-midi, avec Julienne, qui avait voulu m'accompagner. Je vis là qu'en souvenir de son ancien métier de maîtresse d'école, et pour alléger la tâche de madame Guillard dont elle était l'intime amie, elle montrait gratis aux jeunes filles à couper et coudre leurs vêtements. Plusieurs me parurent assez adroites. « Mais, pour Dieu, Julienne, n'en fais pas des marchandes de modes. — Et pourquoi donc, mon parrain? C'est un bon état, quand on est habile. Nous n'avons pas ici de vos élégantes de grandes villes; une marchande de modes n'est guère pour nous qu'une couturière, et nous lui demandons avant tout de bonnes étoffes et des vêtements bien cousus. » A voir le zèle de ses élèves et le travail dont elles s'occupaient, je compris aisément qu'elles seraient surtout des tailleuses d'habits pour les riches paysannes, et qu'elles serviraient par hasard de marchandes de modes aux étrangères, à la femme du notaire et du percepteur, à celles des trois officiers qui commandent la garnison de Saint-Jean-Brévelay, à quelque riche mariée telle que Marianne, qui voudrait avoir un beau trousseau. Toutes ces petites étaient déjà d'habiles ouvrières. Leurs progrès dans leurs études n'étaient pas moins satisfaisants. Je me disais, en me rappelant le Saint-Jean que j'avais connu, que, si le monde marchait partout du même pas, la transformation serait merveilleuse et complète. Mon brave camarade était pour beaucoup dans tout cela, peut-être pour tout. Il me montrait une fois de plus ce qu'on peut faire avec rien. C'était un enfant trouvé, élevé dans le bourg par charité. Il avait été garçon d'écurie chez mon père; mes sœurs lui avaient montré à lire tant bien que mal, il avait appris le reste tout seul. Il était revenu au bourg, après avoir servi en Afrique, où il avait attrapé les galons de caporal, et peu à peu, avec un zèle et une persévérance admirables, il avait décidé les conseillers municipaux à fonder la première école qu'on eût jamais vue à Saint-Jean-Brévelay : une école d'avant le déluge, sans lumière, sans propreté, sans ressources, où tout le monde crevait de faim, à commencer par Jean Le Flô, qui n'aurait pas donné sa place d'instituteur pour les galons de sergent-major. Et à présent, il était M. l'adjoint dans une petite ville qu'il avait faite, dont il était le bienfaiteur et le patriarche, où tout le monde l'aimait et l'estimait, depuis les vieillards jusqu'aux plus petits gamins de l'école, et depuis le brigadier de la gendarmerie jusqu'au terrible M. Éven. Oui, me disais-je, voilà ce qu'un honnête homme a pu faire avec sa seule volonté.

Je m'étais assis entre sa fille et lui sur le banc qui est placé devant la mairie, ayant Jeannic sur mes genoux, et M. et madame Guillard assis devant moi. Ils paraissaient tous très heureux des éloges que je leur avais donnés, et surtout mon ami Jean, dont la plus grande faiblesse est de me regarder comme un oracle, et de croire que je me connais aux écoles parce que je les aime. « Es-tu parvenu, lui dis-je, à établir la gratuité? — Oui, me dit-il; ce n'a pas été sans peine, car c'est la seule fois que mon maire (en me poussant le coude) ait eu un avis, et cet avis était différent du mien. Il disait qu'à la vérité l'ancienne loi était très mauvaise, mais que la loi de 1867 avait fait ce qu'il y avait de plus sage en donnant aux communes le droit d'établir la gratuité absolue quand elles jugeaient cette mesure nécessaire ou utile, et en étendant tellement la gratuité restreinte, que tous ceux qui avaient une raison sérieuse de la demander étaient sûrs de l'obtenir. Je me suis obstiné, et j'ai réussi. Quelques-uns m'ont blâmé, parce que plusieurs habitants qui étaient en état de payer l'auraient fait avec plaisir, et que personne ici ne se serait senti humilié d'avouer sa situation. Nous vivons au grand jour; nous n'avons rien à nous apprendre les uns aux autres sur nos moyens d'existence. Moi qui suis à présent le patron de la barque, je vis aux crochets de mon gendre et de ma fille, et j'ai été plus pauvre que le plus pauvre gars du village. Qu'importe qu'on soit riche ou pauvre? il suffit qu'on soit honnête. Cependant j'ai fait prévaloir le principe de la gratuité de l'enseignement primaire à Saint-Jean-Brévelay. Tâche d'en faire autant ailleurs, me dit-il en me frappant de grands coups sur l'épaule, et en riant à faire trembler. Nos richards en sont quittes pour verser leur argent dans la caisse des écoles, qui est en pleine prospérité.

—Fort bien, lui dis-je. Je voudrais savoir à présent si tout le monde remplit le devoir scolaire. » Ici Jeannic dressa les oreilles. « Tout citoyen, mon enfant, a trois devoirs personnels à remplir envers l'État : aller à l'école, servir dans l'armée et payer l'impôt; le devoir scolaire, le devoir militaire, le devoir fiscal. C'est ce que prend la patrie à chacun de nous en échange des nombreux services qu'elle nous rend. Quand tu vas à l'école, ce n'est pas seulement pour obéir à tes parents, c'est pour obéir à la patrie, qui a besoin que tous les citoyens soient instruits et connaissent les premiers principes de la raison et de la justice. »

Ici M. l'adjoint jugea à propos de m'interrompre. « Tu exprimes là, me dit-il, ton opinion et la mienne; mais ce n'est pas l'opinion de tout le monde. Le fait est, Jeannic, que le devoir d'école est aussi sacré que le devoir militaire et le devoir fiscal; mais il s'en faut qu'il soit aussi universellement reconnu. Tous les gouvernements ont toujours été d'accord pour réclamer l'impôt et pour imposer le service militaire; ils sont au contraire très divisés sur l'obligation d'aller à l'école. La Prusse a donné l'exemple; depuis un siècle, elle a rendu l'instruction primaire obligatoire. La plus grande partie des États de l'Europe l'ont imitée. La France seule, ou à peu près seule, ne peut pas s'y décider. Notre ami que voici a commencé à prêcher l'instruction obligatoire en 1846. Il a écrit deux livres sur ce sujet, et un nombre infini d'articles de journaux et de revues; il a fait de tous côtés des discours, tantôt dans des assemblées populaires et tantôt à la tribune législative; il a fait même, il y a onze ans, sous l'Empire, un projet de loi; il en a fait un autre, étant ministre, en 1871. Mais il s'est heurté tour à tour contre la malveillance ou contre l'indifférence. Il y a un certain nombre de gens qui sont persuadés qu'on attente à la liberté du père de famille quand on le contraint à faire apprendre à lire à ses enfants. Les mêmes gens le contraignent sans remords à les loger, à les nourrir, à les vêtir : aucune de ces prescriptions n'est, suivant eux, attentatoire à la liberté; mais pour l'instruction, c'est différent. Le père de famille doit être absolument libre. Si cela lui convient, il instruira son fils; et si cela ne lui convient pas, il le laissera croupir dans l'ignorance. Un père qui maltraite son fils, qui compromet sa santé, est un criminel et un scélérat; on le traîne devant les tribunaux. S'il se borne à l'empêcher d'étudier, s'il ne maltraite que son esprit, il est dans son droit; il use de la liberté du père de famille. Nous pensons, notre ami et moi, que ce père ferait moins de mal à son fils s'il lui cassait un bras ou une jambe, et c'est aussi la pensée de toute l'Europe. Ce n'est pas, à ce qu'il paraît, celle de la France, même depuis que nous sommes en république. Et sais-tu pourquoi, mon ami? sais-tu quelle objection on nous fait? C'est que le maître d'école, qui enseignerait à lire aux enfants, pourrait lui enseigner en même temps de mauvaises doctrines. Cela te semble étonnant, qu'on regarde un instituteur comme un corrupteur de la jeunesse? Cependant, c'est là la grande raison, et la seule. Il est vrai que tous les maîtres ne ressemblent pas à M. et à madame Guillard; mais le maître le moins digne de ce nom est incapable de pervertir ses élèves, la dépravation humaine ne va pas jusque-là. Pourquoi le ferait-il? dans quel but? par quel moyen? Le maître, tu ne l'ignores pas, est surveillé de très près. Le maire, les délégués, l'inspecteur, les parents eux-mêmes, viennent à chaque instant dans l'école. A la première tentative d'enseigner une mauvaise doctrine, la loi interviendrait par ses représentants; le maître serait puni, l'école serait fermée. Ajoute encore qu'on n'oblige pas le père de famille à envoyer son fils ou sa fille dans une certaine école déterminée; non, il peut choisir entre toutes les écoles; il peut donner l'instruction lui-même, s'il ne trouve pas d'école qui le satisfasse. Vois comme il y a des préjugés enracinés, puisque avec de si bonnes raisons, on n'est pas venu à bout de celui-là! »

L'enfant écoutait, avec le respect que lui inspirait toujours la parole de son grand-père, et il faisait tous ses efforts pour comprendre. Jean, qui était sur son terrain, et qui se voyait soutenu par les marques d'approbation de la partie plus avancée en âge de son auditoire, voulait encore lui montrer la contradiction flagrante de législateurs qui, pendant qu'ils refusent de généraliser l'obligation, l'imposent aux enfants employés dans les manufactures, comme si l'obligation perdait tous ses inconvénients et tous ses dangers par le seul fait qu'il s'agit de rattacheurs ou de soigneurs de carderie. Mais, comme je n'avais devant moi qu'un petit citoyen de dix ou douze ans, je priai M. l'adjoint de réserver son éloquence pour les législateurs, ou tout au moins pour les membres du conseil municipal, et je me contentai de dire à Jeannic :

« Tu sais que nous avons des devoirs envers notre prochain, comme nous en avons envers nous-même? — Il en convint. — Nos devoirs envers le prochain ne consistent pas seulement à lui faire du bien, mais à nous mettre en état de lui en faire le plus possible, en acquérant toutes les qualités qui nous sont nécessaires pour cela. — Il en convint également.

— Est-ce que ton grand-père, qui est si savant, n'est pas plus utile à la commune que Mathurin, qui ne savait que boire et faire du tapage, et qu'on a été obligé de mettre en prison? — Le moyen de ne pas en convenir! — Donc ton grand-père, en étudiant comme il l'a fait, ne s'est pas rendu seulement service à lui-même, il a rendu service à tout le pays. — C'est évident. — Le devoir de celui qui ne sait pas est donc d'apprendre, pour devenir un citoyen utile? — Assurément. — Cette obligation n'est pas encore écrite dans la loi, mais il faudra bien qu'on l'y écrive, puisqu'elle est fondée sur la raison et la justice? — Oui, mon parrain; il n'y a rien de plus nécessaire et de plus vrai. »

Je revins alors à ma première question, et je demandai à Le Flô si tout le monde remplissait le devoir d'école. « A peu près, me dit-il. Il y a trois garçons de dix à douze ans qui ne viennent pas chez M. Guillard, mais M. Éven leur donne des leçons. — Nous n'avons rien à dire contre ceux-là, répondis-je. Ils vont à l'école, quoique ce ne soit pas à notre école. Ils ne font aucun tort à la communauté. — Les deux fils et la fille de Mathurin n'apprennent plus rien depuis qu'il est en prison. Ils ne font que vagabonder, ou mendier avec leur mère. — Justement, m'écriai-je! voilà l'argument de nos adversaires. La liberté de Mathurin! voilà le père de famille pour lequel ils font campagne contre nous. Tous les autres sont nos amis et nos auxiliaires; mais nous devons nous incliner devant les droits de Mathurin, qui tient la société en échec. »

Je causai encore quelque temps avec M. et madame Guillard. Madame Guillard était une femme très instruite, très distinguée. Ce sera un excellent professeur pour les collèges de jeunes filles, quand on aura donné suite au projet de mon ami Camille Sée. Jeannic, qui nous suivait depuis le matin, mourait d'envie de « vagabonder » un peu. Nous le laissâmes aller jouer à la toupie.

Je le revis le lendemain à sept heures et demie, sous ma fenêtre, avec ses livres sous le bras et son carton en bandoulière. « Mon parrain, cria-t-il de toute la force de ses poumons, voilà le petit citoyen qui va remplir son devoir envers la patrie !

— Bon courage et heureuse journée, mon enfant ! »

VI

LE DEVOIR MILITAIRE

Jean Le Flô me dit : « Nous avons l'assemblée dimanche prochain. (L'assemblée, c'est la fête de la paroisse.) — Tant mieux, lui dis-je, je serai bien aise de la voir. — Ce n'est pas tout, nos jeunes gens vont revenir de l'armée, et nous leur faisons une petite fête. — Vos réservistes ? — Non, non, cher ami. Nous ne faisons pas de fête à si bon marché. Passer vingt-huit jours au régiment, pour ne pas perdre l'habitude du fusil et du havre-sac, c'est plutôt un plaisir qu'une peine. Crois-tu donc que nous ayons le cœur assez tendre, nous autres paysans, pour nous apitoyer à propos d'une absence de vingt-huit jours ? Il s'agit de nos libérables. Nous avons seize hommes qui devaient le service de cinq ans. Ils sont restés trois ans et huit mois sous le drapeau ; ils reviennent avec un congé de semestre renouvelable, et tu sais qu'à moins de grosses aventures, que rien ne peut faire prévoir, on peut les considérer comme définitivement libérés. Quatorze autres, qui ne devaient qu'un an, ont fini leur temps. Enfin, nous avons un pauvre diable qui n'avait pu mordre au métier de soldat; son colonel l'a retenu une seconde année; il revient avec les autres. Cela nous fait, en tout, une petite troupe de trente et un hommes qui vont nous tomber sur les bras. Sont-ils changés en mieux ou en pire, c'est un sujet de grande préoccupation pour moi, comme tu le penses. En tout cas, je veux qu'ils soient reçus en amis. Ce sont nos enfants; leurs familles, et les familles de leurs voisins, sont entrées dans mon projet avec empressement. — Que comptes-tu faire? — Pas des illuminations, à coup sûr, ni des feux d'artifices. Je me suis arrangé pour qu'ils arrivent dimanche prochain. Le recteur voulait retarder la grand'messe pour leur permettre d'y assister; mais les faire voyager avant le jour, pour les mener en arrivant à l'église, sans leur donner le temps de causer avec leurs parents, de voir leurs amis, et même de manger un morceau, cela m'a paru un peu dur. Le recteur, qui est un bon vieux prêtre, très doux et très paternel, a cédé tout de suite. Éven regimbait, mais je lui ai fait entendre qu'il pourrait bien se trouver quelque faux frère parmi nos revenants, et il a eu peur du mauvais exemple. Nous avons donc changé complètement de batteries; au lieu de reculer la grand'messe, on l'a avancée. Nous serons tous libres à dix heures et demie pour aller à Kerdroguen, qui est le lieu de la fête. Le capitaine Barrière, ses officiers et toute sa compagnie nous accompagneront sans armes, mais avec les clairons et les tambours. Si je calcule bien, la rencontre aura lieu à Kerdroguen à onze heures et demie. Nous y ferons un discours, mon ami, et un pique-nique. Tout le monde apportera son plat, et aura son verre et son couvert de bois dans sa poche, et cela nous rappellera nos anciennes façons, mon garçon. Julienne s'est mise en frais pour la circonstance, et le conseil municipal a donné deux barriques de cidre. Nous dînerons en plein air, comme dans le bon temps, et après le dîner on dansera. Que dis-tu de mon programme? — Admirable, lui dis-je. Il n'y manque que le tir à la cible. — J'y avais bien pensé, mais il faudrait un mouton. — Je le donne. — Alors c'est parfait. Te rappelles-tu que ton père donnait toujours un mouton le jour de la Saint-Jean? — Ma foi non, j'ai perdu le souvenir de ces magnificences. — Je n'ai pas un moment à perdre pour faire annoncer à son de caisse qu'il y aura un tir. Je veux que Julienne donne aussi un bout de ruban. Quelqu'un de nos bons tireurs sera bien aise d'avoir un cadeau à faire à une jolie fille. Mais, ajouta-t-il avec la gravité d'un magistrat qui dispose d'un mouton, le tir sera entre nous. Nous n'avons pas besoin d'attirer ici leurs mauvais sujets de Plumelec. »

A partir de ce moment, il ne fut plus question que de la fête. Jeannic ne manqua pas de me demander des explications sur ces grands évènements. Il voulut d'abord savoir quand il serait soldat. « A vingt ans, mon petit homme. — Et pour combien de temps? — Pour un an, pour cinq ans, ou peut-être pour trois ans. — Voilà qui est bien compliqué. — Et assez problématique. La vérité est que notre régime militaire a changé plusieurs fois, et qu'il pourrait bien changer encore avant d'être appliqué au petit Jeannic. Nous avions une mauvaise loi; la république en a fait une meilleure; mais la nouvelle loi elle-même a des inconvénients, et l'on parle de la modifier.

— Cette ancienne loi, que la république a détruite, était-elle bien mauvaise, mon parrain? — Tu vas en juger. Chaque année, les députés, d'accord avec le gouvernement, disaient : il nous faut tel nombre de soldats. Le gouvernement divisait ce nombre pour chaque commune proportionnellement au nombre de la population. Il disait, par exemple, la commune de Saint-Jean-Brévelay, qui a 3 000 habitants, me devra chaque année 10 hommes. On réunissait tous les jeunes gens de vingt ans. Il y en avait, je suppose, 50. Le sous-préfet de Ploërmel, venu tout exprès, mettait cinquante numéros dans l'urne. Les jeunes gens s'avançaient, à mesure qu'ils étaient appelés, et tiraient un numéro. Ceux qui avaient pris un des dix premiers numéros, depuis 1 jusqu'à 10, étaient soldats; les quarante autres se trouvaient quittes du service militaire. — Il me semble, mon parrain, que c'était une loi bien dure, ou même bien cruelle, pour ceux qui partaient. Alors, s'il y avait la guerre, ceux-là se battaient et pouvaient être tués ou blessés, tandis que les autres restaient tranquillement chez eux, en vertu de leur bon numéro, à s'occuper de leur famille et de leurs affaires? — Oui, mon ami. — Eh bien, mon parrain, je pense que c'était très dur. Mais, au moins, tout était décidé par le tirage au sort? Le gouvernement ne pouvait pas exercer ses préférences? Les riches et les pauvres étaient traités de la même manière? — Les riches et les pauvres étaient traités de la même manière. Seulement, quand un riche tombait au sort, il cherchait quelqu'un, parmi les pauvres, qui eût tiré un bon numéro, et il lui proposait de partir à sa place moyennant une grosse somme d'argent. — Et il en trouvait? — Il en trouvait toujours. — C'était quelque bon fils, qui prenait ce moyen pour donner du pain à sa vieille mère, ou quelque paresseux, incapable d'apprendre un métier, et qui pensait qu'une fois soldat, il serait nourri à ne rien faire. Ou bien aussi un homme brave qui, n'ayant jamais peur du danger, aimait le métier de soldat pour lui-même. — Eh bien! mon parrain, je comprends à la rigueur ceux qui se vendaient; mais ce sont ceux qui achetaient que je ne peux pas comprendre. — Pourquoi cela? Est-ce que ton père n'achète pas les services de Daniel, qui est son commis de magasin, et ceux de Jean-Pierre, qui est son garçon d'écurie? — Il achète leurs services, mon parrain; mais il n'achète pas leur vie. Si mon père pansait lui-même son cheval, il n'aurait plus le temps de s'occuper de ses marchandises. Il donne de l'argent à Jean-Pierre pour cela, c'est une opération; mais s'il lui donnait de l'argent pour courir un danger à sa place, ce serait une lâcheté. Je suis bien sûr que mon père ne ferait pas cela, et que ma mère ne souffrirait pas qu'il le fît. Elle est toujours à lui dire : Ne t'expose pas; mais elle ne permettrait pas qu'il exposât un autre à sa place. » Le petit homme était tout rouge en parlant ainsi, et je prenais plaisir à voir son émotion. « Et si l'homme qui avait été acheté allait à la guerre, mon parrain, et s'il en revenait avec un bras ou une jambe de moins, que faisait l'autre, celui qui avait eu peur? — Il ne faisait rien; il avait payé le prix convenu, il était quitte. — Et si l'acheté était tué par une balle? — Tout de même. — Et, dit encore Jeannic, avec des larmes dans les yeux, si, après cela, celui qui était resté chez lui venait à rencontrer la mère, ou la sœur du mort, ou son vieux père? — Mon enfant, lui dis-je, tu es trop sévère pour ceux qui profitaient de la permission donnée par la loi. La plupart ne pensaient qu'à s'exempter du service de garnison. Quand la guerre éclatait, on voyait tous ceux qui avaient acheté un homme s'enrôler pour marcher à l'ennemi. La loi n'en était pas moins une mauvaise loi; elle était odieuse; et le tirage au sort lui-même, quand ceux qui l'ont autrefois subi et qui s'y étaient accoutumés auront disparu, paraîtra une sorte de barbarie. — C'était une loi inhumaine, dit Jeannic. On a bien fait de la supprimer. Puisqu'il faut qu'on ait des soldats, pourquoi tout le monde ne servirait-il pas à son tour? La charge serait moins lourde pour chacun, et ce serait conforme à la raison et à la justice.

— A merveille, lui dis-je. C'est précisément ce qu'on a fait. Aujourd'hui tout le monde est soldat, et personne ne peut plus se faire remplacer. La patrie a grand intérêt à cela, mon ami; car tu comprends qu'on ne fait pas un bon soldat du soir au matin; c'est un métier qu'il faut apprendre comme un autre. Le remplacé avait beau s'engager au moment de la guerre, il ne savait pas seulement tirer un coup de fusil; tandis qu'à présent, comme tout le monde aura passé dans un régiment le temps nécessaire pour devenir un bon soldat, tout le monde se trouvera prêt à faire la guerre, si par malheur elle vient à éclater. — A la bonne heure! à la bonne heure! dit Jeannic en frappant des mains, voilà la raison et la justice! Voilà une vraie loi! Pourquoi donc, mon parrain, dites-vous qu'elle est mauvaise, et qu'on pense à la changer?

— Tu vas voir. Mais tâchons d'aller par ordre. La loi est fondée sur trois principes qu'on peut résumer ainsi : d'abord, tout Français est soldat; ensuite, personne ne peut se faire remplacer, et enfin, le service militaire dure dix-neuf ans.

— Dix-neuf ans, mon parrain? Vous voulez rire.

— Eh bien, dis-moi les objections de ta forte tête contre le service de dix-neuf ans.

— Premièrement, cela ferait beaucoup trop de soldats. L'État ne pourrait ni les nourrir, ni les payer, ni les employer. Secondement, il ne resterait plus personne pour le travail et les affaires. Non, non, mon parrain, vous ne me prendrez pas avec vos dix-neuf ans de service. Croyez-vous que je ne sache pas l'âge de ceux qui reviennent dimanche? A votre compte, ils auraient trente-neuf ans. Eh bien! les uns ont vingt-deux ans, les autres vingt-six.

— Le service militaire dure pourtant dix-neuf ans, comme je te l'ai dit; mais il est divisé en quatre périodes. On commence par rester cinq ans dans l'armée active; on passe de là dans la réserve de l'armée active, où l'on reste quatre ans. Ces quatre ans écoulés, on est membre, pour cinq ans, de l'armée territoriale, et pour cinq ans encore, de la réserve de l'armée territoriale. Total, dix-neuf ans. Seulement, le service dans l'armée active est le seul qui soit effectif. En temps de paix, les hommes de la réserve de l'armée active peuvent être appelés à un service de vingt-huit jours, les hommes de l'armée territoriale à un service de treize jours. Un temps de service aussi réduit ne peut être considéré comme une charge bien lourde, d'autant plus qu'on n'appelle régulièrement chaque année que les officiers et sous-officiers. Les autres ne font leurs vingt-huit jours de réserve que deux fois en quatre ans, et leurs treize jours de territoriale que deux fois en cinq ans. Ces réunions courtes et rares ont pourtant l'avantage de maintenir les hommes en haleine, de leur faire connaître leurs chefs, et de les empêcher d'oublier ce qu'ils ont appris quand ils servaient dans l'armée active. On peut dire, en général, qu'au moment où l'on passe de l'armée active dans la réserve, c'est-à-dire à vingt-cinq ans, on a le droit de se considérer comme débarrassé du service militaire. Il n'y a d'autre exception que les cas de guerre. Si la guerre survenait, les réservistes pourraient être incorporés de nouveau dans l'armée active, les membres de la territoriale seraient enrégimentés et employés au service des places; mais ce n'est pas là un assujettissement bien rigoureux, car il n'y a pas d'homme valide, de vingt-cinq à quarante ans, qui ne soit résolu à prendre le fusil le jour où la patrie est en danger. Ainsi, j'ai raison de dire que le service militaire dure dix-neuf ans; mais j'aurais aussi raison de dire que le service régulier et effectif ne dure que cinq ans.

« Revenons donc à celui-là.

« Supposons que la France produise chaque année 140 000 jeunes hommes de vingt ans propres au service. Si elle les prenait tous pour cinq ans, cela lui ferait, en temps de paix, une armée active de 700 000 hommes, sans compter les réservistes, qu'elle entretient pendant vingt-huit jours et les territoriaux, qu'elle entretient pendant treize jours. Aucun État ne pourrait entretenir, en pleine paix, une pareille force publique. Il ne saurait qu'en faire. Toutes ses finances y passeraient. Le travail national se trouverait partout abandonné. Les hommes compéterts dans cette matière ont pensé que, pour faire un très bon soldat, il ne fallait pas moins de trois années. Au bout de trois années passées à la caserne et dans les divers exercices, on est, suivant eux, un militaire accompli. Ce sont donc seulement les soldats de la quatrième et de la cinquième année qui sont très bons. C'est parmi eux que l'on prend de bons sous-officiers, sans lesquels aucune armée n'est solide. Ces mêmes hommes expérimentés estiment que, soit pour avoir un bon noyau de troupes, soit pour former un nombre suffisant de sous-officiers, il faut qu'on garde sous la main, pendant cinq ans, environ les deux tiers des 140 000 jeunes gens de vingt ans qui sont à la disposition du gouvernement chaque année, mais qu'il suffit de garder l'autre tiers pendant un an sous les drapeaux. Avec cette éducation militaire restreinte, ces derniers ne font pas de bons soldats, mais ils font des soldats passables, qu'on peut utiliser à côté des autres en cas de guerre. Il a donc été décidé que les jeunes soldats de l'armée active seraient divisés en deux catégories, dont l'une servirait cinq ans, et l'autre un an seulement. Mais je pense, mon pauvre enfant, que tout cela est bien ennuyeux et bien difficile à suivre?

— Non, mon parrain. Je voudrais seulement savoir comment la loi s'y prend pour imposer cinq ans de service aux uns, et ne demander qu'un an aux autres, sans blesser la raison et la justice.

— Elle a recours au sort, comme autrefois. Seulement, autrefois, ceux qui avaient de bons numéros ne servaient pas du tout. A présent, en temps de guerre, ils servent comme les autres; en temps de paix, ils servent aussi, mais moins longtemps que les autres : un an, au lieu de cinq ans.

— Ne trouvez-vous pas, mon parrain, qu'il est bien dur pour un jeune homme qui se destine à être médecin, ou avocat, ou artiste (artiste! C'est Jean Le Flô que j'entends), ne trouvez-vous pas qu'il est bien dur pour lui de tirer un mauvais numéro et d'être obligé de recommencer ses études à vingt-six ans, après avoir oublié presque tout ce qu'il avait appris?

— Très dur assurément. Et ce n'est pas seulement l'individu qui est frappé, c'est le pays; car il importe au pays d'avoir des lettrés, des savants et des artistes. Aussi, pour atténuer les inconvénients de cette longue interruption de cinq années, a-t-on eu recours à l'institution du volontariat. Un jeune homme dans de certaines conditions, et en passant certains examens, peut s'engager avant l'époque du tirage, et s'assurer ainsi le bénéfice de ne servir que pendant un an. Seulement, comme l'État lui accorde un grand avantage, il l'oblige à payer une somme de 1500 francs. Dans quelques cas très exceptionnels, pour services rendus par les parents, on obtient dispense de tout ou partie de cette somme ; mais on n'est jamais dispensé de l'examen.

— Eh bien, moi, je n'ai que douze ans, dit le petit homme, et je comprends que l'État fasse des exceptions pour la capacité ; mais que la république donne un privilège sur les autres à ceux qui peuvent payer 1500 francs, je ne trouve cela conforme ni à la raison...

— Ni à la justice. Et moi qui ai soixante ans et davantage, je pense absolument comme toi sur ce sujet. Nous pouvons mettre nos deux fortes têtes dans le même bonnet, mon brave Jeannic.

—Mais, dit-il, c'est bien malheureux, mon parrain, que les grands savants dont vous parlez demandent cinq ans pour faire de bons soldats. Ne pourraient-ils pas se contenter de deux ans, ou même de trois? Alors ils pourraient prendre tout le monde, rendre le volontariat plus difficile en renforçant les examens, et supprimer les 1500 francs. Ne croyez-vous pas, mon parrain, que les sous-officiers ne s'en iraient pas au bout de trois ans, et qu'ils se rengageraient, s'ils étaient bien payés et bien traités?

— Je pense surtout, maître Jeannic, qu'avant de délibérer avec ton parrain sur ces grosses affaires, tu as eu quelques conversations préliminaires avec ton grand-père?

— Oui, mon parrain ; nous parlons de cela et de bien autre chose, le soir après l'école, ou le dimanche, quand nous faisons de grandes courses. Mon grand-père dit que mon père m'apprendra le métier de commerçant, et que lui, il m'apprendra mon métier d'homme. Je pense qu'il me l'apprendra bien, car il s'y entend, n'est-ce pas, mon parrain? »

Jeannic se déclara hautement partisan du projet de loi qui propose de réduire à trois ans la période de service dans l'armée active et de supprimer les 1500 francs du volontariat; et quand je lui eus expliqué comment mon système d'éducation qui introduit les exercices militaires, le tir à la cible, et même, quand cela se peut, l'équitation dans les écoles et dans les lycées, est favorable à la diminution du temps de service, il m'honora de l'approbation la plus complète. « Voilà Cornelis, qui a quatorze ans, et qui joue aux boules aussi bien que M. Guillard; est-ce que vous croyez, mon parrain, qu'il n'aurait pas pu gagner votre mouton, s'il avait tiré à la cible depuis deux ans tous les jeudis et tous les dimanches? »

Tout grands philosophes que nous étions, Jeannic et moi, nous attendions le jour de la fête avec grande impatience. Nous étions un peu livrés à nous-mêmes pendant toute cette semaine, car Le Flô préparait son grand discours, et Julienne, levée de bon matin avec sa servante, apprêtait une quantité prodigieuse de pâtés et de saucisses. Je crois bien que j'étais pour quelque chose dans cette prodigalité, et que j'étais le héros de la fête pour le moins autant que les revenants. Je me piquai d'honneur de mon côté, et je chargeai secrètement mon ami Le Breton de rapporter de Vannes un fusil de chasse et une poire à poudre, pour les joindre à mon mouton.

La fête réussit à merveille, le programme fut exécuté de point en point, et, pour le dire en passant, *je me fis ce jour-là une grande opinion de* Saint-Jean-Brévelay. Jamais on ne vit plus d'ordre et de cordialité. Nous partîmes après la grand'messe; presque tout le bourg y était, hommes, femmes et enfants, tous en habits de gala; il ne resta en arrière que les vieillards, les infirmes, et quelques brebis galeuses en très petit nombre. Nous formions la procession la plus comique du monde, ayant chacun notre panier sous le bras. Les soldats, qui étaient nos hôtes, et, en cette qualité, ne pouvaient contribuer au pique-nique, s'étaient chargés avec galanterie des paniers des dames. Nous trouvâmes Julienne prête à nous recevoir; la nappe était mise en plein vent : on ne manque jamais de toile en Bretagne. Nos jeunes soldats, déjà arrivés, avaient disposé les planches qui devaient nous servir de sièges. M. l'adjoint mit son écharpe, les tambours et les clairons firent entendre une marche; les parents et les amis s'embrassèrent. Pendant ce temps-là on choisissait ses places autour de la table, et chacun commençait à défaire son panier, au milieu des rires et des applaudissements. Il y eut un moment d'anxiété universelle, parce que personne ou presque personne n'avait pensé à apporter du pain; mais Le Breton, qui avait prévu le coup, tenait plusieurs grandes miches en réserve. Le son du bignou et de la bombarde donna le signal d'attaquer les provisions. Les jeunes gens se multipliaient pour apporter aux femmes ce qu'elles désiraient avec un empressement et une bonne humeur qu'on ne retrouve pas toujours dans des réunions d'un ordre plus relevé. Quelques garçons se prirent de querelle dans le verger voisin; ils poussèrent de grands cris, qui dominèrent un instant le joyeux tumulte du repas; il paraît même qu'il y eut des coups de bâton donnés. Personne n'y perdit un coup de dent. Le Breton y courut et rétablit le bon ordre. Je vis avec plaisir que c'était un homme pratique, plein d'énergie et de bon sens. Il servait d'aide de camp à Jean Le Flô, et il n'était pas difficile de reconnaître qu'il avait tout réglé et tout dirigé. Mon brave ami était assis entre sa fille et moi; j'avais à ma gauche le capitaine Barrière. Au dessert, les jeunes soldats qui revenaient au pays me furent présentés. Je leur trouvai un air de franchise et de détermination qui me parut de bon augure. Ils se louèrent beaucoup de leurs officiers, « qui les avaient fait travailler, » dirent-ils. Leur éducation primaire avait été complétée au régiment, et Le Flô put s'assurer qu'ils compteraient parmi les lettrés de la commune. Un seul, qui était parti ignorant, revenait comme il était parti: c'est celui que son colonel avait retenu deux ans. Il savait pourtant lire ou à peu près, et signer son nom. « Son père ne l'a jamais envoyé à l'école, me dit Le Flô, et le pauvre garçon a la tête si dure, qu'on n'en aurait jamais rien fait. D'ailleurs, il est inoffensif. C'est un sabotier, il trouvera toujours de l'ouvrage ici. » La plupart de ces jeunes gens reprenaient l'emploi qu'ils avaient quitté un an auparavant. Deux d'entre eux qui semblaient soucieux au commencement furent engagés séance tenante dans une bonne ferme. A voir l'empressement avec lequel ils vinrent le dire à Julienne, qui était la conseillère générale et la confidente de tous les secrets honnêtes, je vis qu'il y avait sous roche quelque affaire d'amour.

« Un an de régiment, un an d'école, » dit Le Flô en commençant son discours. Il s'attacha à montrer cette année de régiment comme un temps de plaisir pour des jeunes gens vigoureux et alertes, qui ne craignent ni la fatigue ni la discipline, et qui ne sont pas fâchés de voir qu'il y a dans le monde de plus grandes villes que Saint-Jean-Brévelay. En parlant des cinq ans, il laissa percer ses sympathies pour une durée de service moins prolongée. Il parla de l'honneur en Breton et en soldat, et fut chaleureusement applaudi sur toute la ligne. Il dit aussi un mot de la république, en finissant, et ce fut pour rappeler la nécessité d'avoir des mœurs républicaines. « Je résume ainsi les mœurs républicaines, nous dit-il : le respect de la famille, la soumission aux lois et la fraternité envers les hommes. »

« Mon colonel ne parle pas mieux, » s'écria le capitaine Barrière. Je lui souhaite pour ma part, au colonel, de parler aussi bien. Le Flô est un véritable orateur; mais il est plutôt fait pour ces sortes de harangues, moitié solennelles, moitié patriarcales, que pour des discussions de tribune. Il me le dit lui-même en répondant à mon compliment et en faisant allusion à son ancienne candidature; et il ajouta, en homme de bon sens : « Il faut se connaître. »

Le capitaine Barrière gagna le premier prix avec facilité; il le donna généreusement à celui qui venait après lui. Nos jeunes soldats n'eurent aucun succès. Les paysans en furent ravis. Ils les voyaient revenir avec joie, ils les accueillaient comme des frères; mais ils étaient heureux de dire : « On tire aussi bien au bourg qu'au régiment. » Et le capitaine Barrière m'avoua que nos garçons de charrue étaient presque tous de très habiles tireurs. Maître Jeannic avait tant couru, il s'était tellement démené, qu'il ne m'honora pas ce soir-là de ses réflexions philosophiques. Il s'alla mettre au lit de bonne heure, et ce fut une grande chance s'il ne fut pas puni le lendemain par M. Guillard pour n'avoir pas su sa leçon.

VII

L'IMPÔT

« Il faut, Jeannic, que je te parle un peu de l'impôt : tu sais, le devoir scolaire, le devoir militaire...

— Et le devoir fiscal ; oui, mon parrain. Se rendre capable de bien comprendre la loi pour bien la servir ; garantir la sécurité du pays au dedans et au dehors ; contribuer aux dépenses générales dans la proportion de ses ressources personnelles. Mais il me semble que je n'ai pas besoin de m'occuper beaucoup de l'impôt. Tant que je suis chez mon père, c'est lui qui paie pour moi. Quand j'aurai pris une maison, comme Jean-Louis, et que je serai à mon tour chef de famille, le percepteur m'enverra mon avertissement, et je n'aurai plus qu'à le payer.

— Comment, Jeannic, est-ce toi qui parles ainsi?

Sais-tu seulement lire un avertissement, je veux dire le comprendre? Sais-tu distinguer l'impôt établi par l'État des charges votées par le département ou par la commune? Es-tu en état de vérifier si le percepteur commet une erreur à ton préjudice? N'as-tu pas besoin de savoir, le cas échéant, à qui tu dois t'adresser pour faire constater et réparer son erreur? Le contribuable doit-il le montant de sa cote dès le jour où l'avertissement lui est remis? ou bien a-t-il le droit de s'acquitter par douzièmes? Ne veux-tu pas savoir si les impôts sont bien ou mal répartis, si l'on a consulté, en les établissant, la raison et la justice? Tu parles du percepteur, comme s'il était le seul agent fiscal; mais n'y a-t-il pas le receveur des contributions indirectes? le receveur de l'enregistrement? le receveur buraliste? le receveur de la douane dans les communes frontières? le receveur de l'octroi? Il n'y a rien de plus compliqué que le fisc, et rien de plus nécessaire à connaître, puisqu'on est journellement aux prises avec lui. D'ailleurs, mon ami, tu seras peut-être député quelque jour, et tu devras voter l'impôt; ou conseiller général, et tu discuteras le budget du département; ou tout au moins conseiller municipal, et il te faudra gérer la fortune de la commune, recettes et dépenses. En te parlant des impôts, je te parle, mon ami, de tes propres affaires.

— Je ne dis pas non. Grand-père a essayé de philosopher sur tout cela avec moi, mon parrain; mais je n'y ai pas compris grand'chose. Il a dit qu'il en reparlerait quand je serais plus grand. Si jamais je deviens conseiller municipal, mon parrain, croyez-vous qu'il ne sera pas temps alors d'étudier le budget de la commune?

— Mais non, en vérité, Jeannic. Il ne faut pas attendre qu'on ait besoin d'employer une connaissance pour s'occuper de l'acquérir. Je sais bien qu'il y a des conseillers municipaux qui ne savent pas le premier mot de la loi municipale, et qui n'entendent rien aux affaires; mais je soutiens que ce sont de malhonnêtes gens, pour avoir accepté des fonctions qu'ils sont incapables de remplir, et que les électeurs qui les ont nommés sont des imbéciles. Leurs affaires seront mal faites, et ils n'auront que ce qu'ils méritent. J'en dis autant des députés. Il y en a plus d'un parmi eux qui a été nommé pour avoir tenu des discours violents contre le gouvernement, et qui, une fois à la Chambre, est obligé de voter sans savoir sur quoi ni pourquoi. Passe encore dans les monarchies, où le roi est responsable de tout et trop souvent maître de tout; mais dans une république, où tous les hommes sont égaux et participent également à la confection des lois et à leur application, il n'est permis à personne de se désintéresser des affaires publiques.

— J'entends, mon parrain. J'étudierai les impôts certainement, c'est-à-dire d'une façon générale. A présent, mon parrain, M. Guillard va me faire commencer la géométrie; on dit que ce n'est pas non plus très amusant.

— C'est suivant les dispositions qu'on y apporte. Pour en revenir à l'impôt, tu comprends au moins qu'il est juste que chacun contribue selon ses moyens aux dépenses communes?

— Oui, mon parrain.

— L'État fait des routes, il creuse des canaux, il se charge de la police, il paie les fonctionnaires, il entretient l'armée. Il lui faut de l'argent pour cela; en lui en donnant, nous ne faisons que payer des services rendus. — Bien certainement. — Il est juste aussi de faire payer à chacun en proportion de ce qu'il possède. D'abord, parce qu'il le faut bien; un pauvre père de famille, chargé d'enfants et vivant de son travail, ne peut pas payer autant que le gros rentier et le riche propriétaire. En outre, le principal service que nous rend l'État est de nous garantir la jouissance paisible de ce qui nous appartient. Si Jean a un million, il lui garantit la jouissance d'un million, et si Pierre n'a que mille francs, c'est seulement la jouissance de mille francs que l'État lui garantit. N'est-il pas juste que la garantie la plus importante pour celui qui en jouit, et la plus difficile pour celui qui la donne, soit aussi celle que l'on paie le plus cher? — Je comprends bien cela, mon parrain. C'est une loi équitable. Mais croyez-vous qu'on ne vous trompe pas vous-même, mon parrain? Il y a un garçon à l'école qui m'a dit que mon père paie ses impôts sans s'en apercevoir, et que son père à lui est obligé d'acquitter les siens en plusieurs fois, et ne peut pas toujours en venir à bout. — Mon ami, il faut d'abord établir le principe, et cela fait, s'efforcer par tous les moyens d'en faire la meilleure application possible. Cela est très difficile, et il arrive souvent que la répartition est très imparfaite. — Pour moi, dit Jeannic, qui commençait à reprendre son aplomb, et qui probablement retrouvait dans sa mémoire quelque bribe d'une dissertation de son grand-père, pour moi, si j'étais le maître, je sais bien ce que je ferais. — Vraiment? Fais-moi donc part de ton invention; car j'avoue que je ne suis pas aussi sûr de mon infaillibilité que toi de la tienne.

— Je ferais venir, dit Jeannic, tous les citoyens, et je leur dirais : Vous allez me déclarer au juste ce que vous gagnez par année, et combien vous avez de bouches à nourrir. Notez bien, mon parrain, que je ne les croirais pas sur parole; je m'informerais de l'état des choses par les voisins ou par d'autres moyens qu'on aurait facilement. Et quand je saurais à fond ce que reçoit par année chaque personne, je dirais : Il faut telle somme à l'État, ni plus ni moins, pour suffire à ses dépenses; je vais la répartir entre les contribuables proportionnellement à leur revenu, et ce sera la raison et la justice. Au lieu de cela, mon parrain, qu'est-ce que vous faites? Vous frappez toutes sortes d'impôts comme au hasard. Vous me faites payer, dit-il avec un grand sérieux, pour le tabac que je fume, pour le vin que je bois. Vous frappez les marchandises à l'entrée en France. Vous intervenez dans les successions et dans les contrats entre particuliers pour prendre la part du fisc. Vous faites payer patente à ceux qui travaillent, comme si c'était une faute de travailler. »

Je ne pouvais m'empêcher de rire en entendant cette tirade de mon vieux Le Flô sortir des lèvres roses de ce babillard; mais lui, qui n'était pas au bout de sa leçon, continuait avec un sérieux imperturbable. « Je ne vois aucun principe commun dans tout cela, aucune vue d'ensemble. Le principe de la proportionnalité, que vous invoquez vous-même, disparaît; car, si le riche paie davantage, à raison de son luxe, il paie par égalité à raison de son nécessaire; et cette égalité est une injustice flagrante, puisqu'elle rançonne de la même façon le riche et le pauvre.

— Halte-là, lui dis-je. Tu étais tout à l'heure trop ignorant, et je commence à trouver à présent que tu as trop de science, ou plutôt trop de mémoire. Le système de l'impôt unique, dont ton grand-père est engoué, et pour lequel j'ai moi-même un certain faible, est très séduisant; reste à savoir s'il pourra jamais être appliqué. Il repose sur une véritable inquisition; or, mon ami, toute inquisition est odieuse en soi, et, quand par malheur elle n'aboutit pas à faire ressortir la vérité, elle a les conséquences les plus désastreuses. Un enfant de ton âge peut bien dire qu'il sera toujours facile de savoir au juste quel est le revenu de chacun, mais un homme sérieux doit trembler en faisant des déclarations pareilles. Tu critiques la diversité des impôts, et particulièrement les impôts de consommation. Il n'y a pas d'impôt, mon ami, dont on ne puisse justement dire du mal; il n'y en a pas qu'on n'eût du plaisir à supprimer. Mais l'État est comme les individus : son premier devoir est de payer ses dettes. Il faut pour cela qu'il se condamne à des sacrifices et à des souffrances. Retiens seulement ceci de toutes nos divagations : c'est qu'il faut absolument que les recettes de l'État égalent ses dépenses; qu'il faut absolument que l'État paie toutes ses dettes, et se conduise comme un honnête homme. Non seulement il le faut parce que cela est juste, mais il le faut aussi parce que cela est habile, et que, s'il ne payait pas ses dettes exactement, il ne trouverait plus de crédit. Voilà le premier principe en matière d'impôt. Le second est bien certainement de proportionner autant que possible la charge des contribuables à leurs facultés. Mais dans l'application de ce second principe il faut bien se garder des chimères; il faut compter avec l'expérience, avec la pratique. Il faut surtout se souvenir que, de deux impôts également mauvais, le moins mauvais est celui auquel on est accoutumé, parce qu'on en voit moins les inconvénients.

» Je me hasarde aussi à te dire qu'en général, lorsque l'État frappe un impôt, il doit tendre plutôt à favoriser le travail et le mouvement qu'à les entraver. Ce serait pousser trop loin l'application de ce principe que d'aller jusqu'à l'abolition des patentes; d'ailleurs, on ne peut supprimer l'impôt des patentes ou tout autre impôt qu'à condition de le remplacer par un impôt offrant moins d'inconvénients et même revenu. Mais il est certain qu'on doit éviter autant que possible de frapper les matières premières, c'est-à-dire les objets qu'on transforme et qu'on améliore par le travail. Le travail est essentiellement producteur de richesse, et l'État doit incessamment l'aider, le favoriser, parce qu'il y trouve à la fois son intérêt et celui du citoyen. — Mon ami Jeannic, sais-tu maintenant à quoi je pense? »

Jeannic, se réveillant en sursaut, et écarquillant les yeux pour m'empêcher de voir qu'il a dormi: « Non, mon parrain.

— Je pense que c'est toi qui avais raison tout à l'heure, quand tu étais d'avis de laisser un peu de côté la question des impôts. Je reviendrai vous voir dans quatre ou cinq ans, et c'est alors que nous discuterons à fond sur l'impôt du revenu et les impôts de consommation. — Oui, je vous remercie, mon parrain; je crois que cela vaudra mieux. Mais, mon parrain, vous avez parlé tout à l'heure de la douane; nous ne connaissons pas cela ici. Voulez-vous me dire ce que c'est? — Mon ami, quand l'État frappe un impôt sur les produits d'un État voisin, il charge les douaniers de veiller à ce qu'on ne les introduise pas en fraude, c'est-à-dire sans payer les droits.

Vous n'avez pas ici de douaniers, parce que vous êtes trop loin de la frontière. La douane est une sorte d'octroi entre les États, comme l'octroi est une sorte de douane entre les communes. La commune de Saint-Jean-Brévelay a un octroi; c'est-à-dire qu'elle fait payer une somme pour introduire certains objets dans la commune. Elle s'est imposé cela elle-même, pour se procurer de l'argent dont elle avait besoin. L'octroi est toujours une gêne, parce qu'il fait payer les objets plus cher. Elle l'abolira quand elle sera assez riche pour s'en passer. Il en est de même de l'État à l'égard des douanes. Ce sont les étrangers qui lui paient des droits; mais comme ils les ont payés pour introduire leurs marchandises, nous payons ces marchandises plus cher. Ainsi les étrangers paient d'abord une somme à la douane, et nous leur rendons ensuite, en achetant leurs marchandises, la somme qu'ils ont payée. Comprends-tu?

— A peu près.

— Voici au moins, mon enfant, quelque chose que tu vas comprendre, car il s'agit d'une vérité morale. Quelques personnes qui ne feraient pas tort d'un sou à un particulier, ne se font pas scrupule de voler l'État. Ils font, par exemple, de la contrebande, c'est-à-dire qu'ils introduisent en France des objets de provenance étrangère sans payer les droits fixés par la loi; ou encore, ils font secrètement leurs provisions pour éviter de payer l'impôt de consommation, etc. Que penses-tu, mon enfant, de leur conduite? — Je pense, mon parrain, qu'ils sont très coupables, puisqu'ils violent la loi. Je pense ensuite qu'ils sont de véritables voleurs. Qu'on vole l'argent qui est à tout le monde, ou l'argent qui n'est qu'à un seul, c'est toujours voler. — Très bien, mon ami. Nous en resterons là. A présent, avoue que je t'ai bien ennuyé? » Jeannic, très simplement : « Oui, mon parrain. — En revanche, je te conduirai demain chez le notaire. C'est cela qui sera amusant! » Jeannic, résigné : « Oui, mon parrain. — En attendant, va te coucher, et fais un bon somme. » Jeannic, avec enthousiasme : « Oui, mon parrain! Bonsoir, mon parrain! A demain, mon parrain! »

VIII

LE NOTAIRE

« Le notaire rédige les actes de vente, les baux, les contrats de mariage, les actes constitutifs de sociétés, les testaments, etc. Il donne les certificats de vie dont on a besoin tous les trois mois pour toucher une pension de retraite. (Le maire aussi peut les donner.) Il se charge de recevoir des rentes, de louer et de vendre des propriétés; il a très souvent le secret des familles; il arrive même que les membres d'une famille ne connaissent pas leur histoire, leurs parentés et leurs affaires aussi bien que lui. Un bon notaire est un conseiller sûr, un ami éprouvé. Il est une sorte de confesseur pour les affaires, comme le médecin est un confesseur pour les maladies. Il reçoit de l'argent ou des papiers en dépôt, et se charge de faire de bons placements sur hypothèques. L'intervention du notaire est quelquefois imposée par la loi; le plus souvent, elle est facultative. On peut, par exemple, écrire soi-même son testament, à la condition de le signer et de le dater, mais il vaut toujours mieux s'adresser à un notaire, parce qu'il a l'habitude des formules claires et précises, qu'il connaît les lois, et qu'un acte rédigé par lui, a une autorité indiscutable.

» Je crois, mon petit Jeannic, que tu auras quelque fortune. On dit ici que ton père est riche, et tu sais qu'il ne travaille et ne songe à s'enrichir que pour toi. Il ne faut pas te faire d'illusions à cet égard ; on est riche, dans ce bon petit village, avec trois mille francs de rente; à Paris avec trente mille on est presque pauvre, si l'on a un rang à soutenir. D'ailleurs, on peut toujours perdre sa fortune. Un père prévoyant prend toutes les précautions possibles pour éviter ce malheur; il y a des compagnies qui, moyennant une rente que vous leur payez tous les ans, vous garantissent contre la plupart des risques: je te parlerai de cela une autre fois; cependant je te repète qu'on peut toujours perdre sa fortune par des coups tout à fait imprévus. Quand tu te marieras, tu seras peut-être pauvre. Si ta fiancée n'a, de son côté, rien qui lui appartienne, il est très probable que vous ne ferez pas de contrat. Vous vous direz : A quoi bon? Cela n'est pas très sage, car la fortune peut survenir, même aux plus pauvres. Peut-être même si vous êtes riches l'un ou l'autre, négligerez-vous de faire des stipulations particulières. Beaucoup de jeunes mariés agissent ainsi, soit parce qu'ils acceptent les dispositions de la loi qui, en l'absence de contrat de mariage, impose le régime de la communauté pur et simple ; soit parce qu'on ne prévoit pas, à la veille de se marier, qu'on puisse jamais avoir des dissentiments avec sa femme. Eh ! mon cher enfant, il faut tout prévoir, même ce qui est douloureux et invraisemblable. D'ailleurs, il s'agit beaucoup moins de prendre des précautions contre sa femme, ou même contre la famille de sa femme, que de la mettre elle-même à l'abri de toutes difficultés, si elle devient veuve... »

J'allais mon train, avec beaucoup de sang-froid et de calme, quand je m'aperçus que j'avais l'honneur d'égayer au plus haut point mon auditoire. Jeannic riait à gorge déployée : « Vous m'aviez bien dit que vous seriez amusant aujourd'hui, mon parrain. Passe encore pour m'avoir marié ; mais voilà à présent que vous me parlez de ma veuve. Et mes enfants, mon parrain, mes pauvres petits enfants orphelins, ne faut-il pas que je m'en occupe dans mon contrat de mariage ? — Je crois vraiment, petit drôle, que tu perds le respect. Ne t'ai-je pas expliqué, dimanche dernier, que tu serais de l'armée active, et ensuite de la réserve... ? — Et puis de la territoriale ; oui, mon parrain. Tout cela ne manquera pas de m'arriver, puisque c'est la loi, pourvu que petit poisson devienne grand. Je puis bien me figurer que je suis soldat; mais marié, c'est impossible! D'ailleurs, ajouta-t-il en homme qui a pris définitivement son parti, je ne me marierai jamais.

— Et moi, je te dis que tu te marieras. — Non, mon parrain. — Je te dis que si. — Non, mon parrain. Nous sommes plusieurs qui ne voulons pas nous marier. Il y a Joséphine Lequen, et Guillaume Le Roch, et Jean-Pierre, du village du Pontécouvrant... — Et pourquoi, lui dis-je avez-vous pris cette belle résolution? — Nous voulons être libres!

— Sais-tu bien, Jeannic, que ne pas se marier, c'est être bien près de commettre une faute? — Comment donc, mon parrain? Est-ce que la loi oblige *un homme* à se marier? — Non, non, elle ne pousse pas l'arrogance jusque-là. Non, Jeannic, tu peux rester garçon si le cœur t'en dit. Mais s'il n'y a pas obligation légale, il y a peut-être obligation morale. L'homme ne peut pas mieux employer sa vie ici-bas qu'à faire le bonheur d'une honnête femme, et à bien élever ses enfants pour qu'ils deviennent à leur tour d'utiles citoyens. — Vous avez toujours raison, mon parrain; et moi je ne suis qu'un étourdi. Mais, si je dois me marier, mon parrain, j'ai tout le temps d'y réfléchir. — Il faut penser à tout très longtemps d'avance. Nous avons toute la vie pour apprendre notre devoir, et cependant ce n'est pas encore assez.

» Mais je reviens au mariage, ou plutôt aux conventions d'affaires qui accompagnent le mariage. Veux-tu te marier, lui dis-je en gardant mon sérieux, sous le régime dotal, ou sous le régime de la communauté? — D'abord, mon parrain, veuillez me dire ce que c'est, et je vous ferai connaître ensuite mes intentions. — Si tu te maries sous le régime de la communauté, lui dis-je, tu seras maître absolu des biens de ta femme; si c'est sous le régime dotal, tu ne pourras disposer de ses biens sans son consentement. — Alors, dit maître Jeannic, je choisis le régime de la communauté. Voyez-vous, mon parrain, c'est une bonne communauté que celle où on est le maître. — Oui-da? — Je veux être le maître de ma femme et de mes enfants, voyez-vous, et il faudra que tout le monde marche droit. Voyez mon père, comme tout le monde lui obéit! Ce n'est pas comme Jozon, qui ne sait jamais se décider. Mon père dit que ce n'est pas un homme, et qu'il se laisse manger la laine sur le dos. Mais moi, mon parrain, je suis un homme.

— En vérité, lui dis-je, je suis tenté de le croire.

— Après tout, me dit-il, puisque vous me conseillez d'avoir confiance en mon notaire, je prendrai son avis sur le régime dotal quand nous en serons là. — Mais, mon parrain, il y a une autre chose que vous m'avez dite, et qui m'embarrasse: c'est le testament. J'entends souvent parler de testaments à la maison, et personne ne m'a encore expliqué ce que c'est.

— Mon ami, un testament est un acte par lequel un homme ou une femme désigne la personne à laquelle appartiendront les biens que le testateur ou la testatrice laissera après sa mort. »

Jeannic parut très étonné de cette explication : « J'avais toujours cru, dit-il, que les biens du père passaient naturellement à ses enfants.

— Quand un homme a des enfants, lui dis-je, la loi fait deux parts de sa succession. Une première part appartient nécessairement à ses enfants, qu'il le veuille ou qu'il ne le veuille pas : c'est ce qu'on appelle la réserve. Une seconde part, qui forme ce qu'on appelle la quotité disponible, reste à la disposition du père, qui peut la donner à qui il lui plaît.

» Par exemple, un homme n'a qu'un enfant. Cet enfant a droit à la moitié de tout ce qu'il laissera. Si le père ne fait pas de testament, l'enfant a tout. S'il fait un testament par lequel il donne plus de la moitié, le tribunal réduit le legs à la moitié disponible. Quand le père a deux enfants, il ne peut donner que le tiers de ses biens; quand il en a davantage, quel qu'en soit le nombre, il ne peut donner que le quart. Quand un des enfants meurt avant son père, en laissant lui-même des enfants, ces enfants, quel qu'en soit le nombre, ont tous ensemble à se partager la part que leur père aurait eue. On dit alors qu'ils le représentent. Je suppose, par exemple, que je meure en laissant un fils, et trois petits-fils d'un autre fils que j'aurais perdu : mon fils aura un tiers de ma succession; les trois fils de son frère qui est mort, auront ensemble le second tiers, et je pourrai disposer à mon gré du troisième tiers, qui sera la partie disponible.

— Et la partie disponible, mon parrain, on la donne à qui on veut?

— Oui. On peut la donner à un ami, à un inconnu, faire une bonne œuvre, fonder un lit dans un hôpital, une bourse dans une école, un prix dans une Académie. On voit des pères qui n'ont qu'un fils distraire la partie disponible pour la donner à ce même fils, qui l'aurait eue naturellement, s'il n'y avait pas eu de testament. Sais-tu pourquoi? — Non, mon parrain. — C'est que la moitié qui appartient de droit à son fils lui revient sans condition, et que le père peut faire des conditions pour la moitié qu'il lui donne.

— Je ne comprends pas bien, mon parrain, pourquoi on a fait toutes ces règles-là. Elles me paraissent bien compliquées. Il me semble que la justice est quelque chose de simple et de clair, tandis que ce que vous me dites là est comme un écheveau embrouillé que je ne parviendrai pas à démêler sans prendre beaucoup de peine. Grand-père dit qu'on peut apprendre la morale sans maître quand on a une bonne nature et de bons exemples sous les yeux, mais il faut un maître et un bon maître pour se retrouver dans vos portions réservées et dans vos portions disponibles.

— Et dans les lois de succession chez tous les peuples. Notre loi, dont je t'ai dit à peine quelques mots, est peut-être la plus claire, et pourtant il faut bien du temps et de la peine pour arriver à la comprendre. Mais je veux te montrer par des exemples qu'elle est raisonnable malgré ses complications. Je connaissais un homme qui s'était montré cruel et même impitoyable envers sa femme. Ils avaient un fils qui n'avait jamais manqué de respect envers son père, mais qui, voyant sa mère maltraitée et maltraitée injustement, s'était particulièrement attaché à elle. Le père ne le lui pardonna pas. On vit, à sa mort, par le testament qu'il laissa, qu'il aurait entièrement déshérité son fils s'il l'avait pu. J'ai vu un exemple tout différent dans une autre famille. Le père et la mère étaient très unis, et profondément respectables. Ils avaient deux enfants dont l'un était un mauvais sujet, perdu de vices. Ils ne lui laissèrent que ce qu'ils ne pouvaient pas lui ôter, et récompensèrent la bonne conduite de son frère. Ces exemples, mon cher enfant, sont très rares. Il y a peu d'hommes pervers; mais il y en a, et la loi est obligée de tout prévoir. Ceux qui ont fait la loi ont d'ailleurs pensé que nous laissons presque tous, après nous, des biens de deux sortes, ceux dont nous avons hérité, et qui appartiennent pour ainsi dire à la famille dans toutes ses générations; et ceux que nous y avons ajoutés par notre activité et notre économie. Nous avons sur ces deux sortes de biens les mêmes droits légaux; mais pourtant il y a là un motif pour conserver et à la fois pour restreindre le droit de tester.

— Ainsi donc, mon parrain, on ne peut jamais disposer librement de toute sa fortune?

— Si fait, mon ami. Quand on n'a ni enfants, ni petits-enfants, ni ascendants, on est tout à fait libre; il n'y a de réserve que pour les descendants en ligne directe, c'est-à-dire pour les enfants, petits-enfants et arrière-petits-enfants, et, à leur défaut, pour les ascendants; mais pour les parents collatéraux, frères, neveux, cousins, la réserve n'existe pas. Il y a des gens qui font la cour à de vieux célibataires, dans l'espoir d'en hériter, quelquefois au détriment de parents nécessiteux. La loi a pris quelques précautions contre les manœuvres les plus déloyales, mais elle ne peut tout prévoir, ni tout empêcher. Elle doit respecter la liberté, même dans ses écarts... Tu as eu souvent l'occasion d'aller à des enterrements?

— Pas bien souvent, mon parrain. Maman n'aime pas que j'y aille. Elle dit qu'on a bien assez d'occasions de voir des choses lugubres, et qu'il vaut mieux épargner ce spectacle aux enfants. Je suis pourtant allé à l'enterrement de madame Ozon, et maman pleurait, pleurait tout le temps, parce qu'elle disait que madame Guillemot, la fille de madame Ozon, avait été sa maîtresse; quand maman était bien pauvre, et qu'elle était toujours restée sa meilleure amie.

— Eh bien, mon enfant, il y a une chose souvent plus triste que les cérémonies qui se font à l'église et au cimetière : c'est la lecture du testament, qui a lieu chez le notaire quelque temps après la mort. Quand il n'y a pas d'enfants, toutes les espérances sont surexcitées. Les collatéraux se rendent là avec des désirs ardents, une ambition fiévreuse; et quand il arrive que le défunt a placé ses libéralités d'une manière inattendue, le désespoir, la colère, la jalousie, se manifestent quelquefois de la façon la plus honteuse et la plus grossière.

» J'avais, il y a longtemps, en 1832, un ami que ton grand-père a bien connu. Il s'appelait Maillard. Nous étions à Rennes, étudiants en droit tous les deux, pauvres et laborieux tous les deux. Nous avions associé nos deux misères. Nous demeurions ensemble dans une chambre sans cheminée, où le froid était terrible pendant l'hiver. Nous avions à braver les dédains de nos camarades plus heureux que nous, qui ne nous pardonnaient pas d'être mal vêtus et de ne prendre aucune part à leurs plaisirs. Cette injustice, que nous subissions en commun, formait entre nous un lien de plus, et je puis dire que nous nous aimions comme des frères.

» Nous fûmes séparés l'année suivante, parce que l'idée me vint de concourir pour l'École normale. Je fus reçu ; je fis à pied la route de Paris, et ce fut, à peu près, ma dernière lutte contre l'âpre pauvreté, car à partir de ce moment j'avais une carrière. Maillard se trouva bien seul après mon départ. Nous nous écrivîmes assidûment pendant les premières années; et puis l'éloignement, la différence de nos études et de nos préoccupations, sans doute aussi de nouvelles amitiés que nous formâmes, rendirent notre correspondance de plus en plus languissante; elle cessa au bout de quelques années. En 1849, j'étais professeur à la Sorbonne et député des Côtes-du-Nord; je recevais tous les matins un gros paquet de lettres. Un jour, il s'en trouva dans le nombre une de mon ami Maillard; je la reconnus sur-le-champ à l'écriture, et je l'ouvris avec empressement. La lettre était timbrée de Fougères; je vis, dès les premiers mots, qu'elle ne m'apportait que de mauvaises nouvelles. Maillard s'était fait recevoir avocat, et il était entré comme secrétaire chez un avocat très connu et très employé, qui lui avait fait plaider quelques petites causes. Il avait montré du talent, son patron était éclairé et bienveillant, l'avenir se présentait assez bien, quand le pauvre garçon, dans une visite qu'il fit, à Fougères, à une de ses tantes, tomba amoureux et se maria Il avait alors vingt-cinq ans.

» Maillard était depuis longtemps orphelin de père et de mère. Sa mère avait un frère, M. Duguin, et deux sœurs, dont l'une était mariée à un M. Morel, et l'autre était restée fille. M. Duguin était marin, capitaine au long cours; c'était un vieux garçon que l'on croyait à son aise. Le mari de madame Morel faisait je ne sais quel commerce; il était surchargé d'enfants; on le disait avare, peut-être n'était-il que pauvre. Quant à la vieille fille, mademoiselle Duguin, elle tenait une école de jeunes filles à Nantes, et quoiqu'il n'y eût pas le plus petit mot à dire sur sa conduite, elle passait, à cause de ses opinions, pour une personne excentrique; les malveillants disaient même pour un esprit déréglé. J'étais au courant de tout cela, car Maillard m'avait conté bien souvent que ses deux tantes ne feraient jamais rien pour lui; qu'il avait à peine trouvé un millier de francs dans la succession de son père, et qu'il faisait son droit avec cette somme, et les très insuffisants secours que son oncle Duguin y ajoutait. Je crois qu'il trouva à donner quelques leçons de latin à des enfants, après mon départ de Rennes, et ce fut un bonheur, car, s'il avait dû continuer le régime que nous avions suivi pendant une année, sa santé n'y aurait pas résisté.

» Enfin, comme je te l'ai dit, il se maria, à vingt-cinq ans, à une fille qui n'avait rien, et ce fut une grande faute. Il est tout à fait honteux et dégradant, mon cher petit, d'épouser une fille que l'on n'aime pas, mais qui vous apporte de l'argent ou une position dans le monde; mais, d'un autre côté, quand on épouse une fille pauvre, il faut être sûr de pouvoir la nourrir et suffire aux besoins d'une jeune famille. Le pauvre Maillard crut qu'en restant dans sa ville natale il trouverait de l'emploi au barreau; il ne trouva rien. Les anciens accaparaient tout. Il se fit pourtant une réputation de capacité; le tribunal l'estimait, mais il n'avait guère pour clients que ceux qui ne pouvaient pas payer leur avocat. Madame Morel lui avait fermé sa porte après son mariage. Il donna, comme à Rennes, quelques leçons mal payées, et gagna quelque misérable somme en mettant à jour, chaque soir, les registres du percepteur des contributions. Pour comble de malheur, sa femme était morte en lui laissant une petite fille : « J'avais eu l'idée de te demander d'être son parrain, me disait-il dans sa lettre; mais comme tu étais devenu un personnage, j'eus peur d'avoir l'air de me rappeler à toi pour obtenir ta protection ou ton secours. Je n'ai plus peur à présent, mon pauvre Jules, ajoutait-il, et pour la plus triste de toutes les raisons, c'est que je vais mourir. Je t'ai nommé tuteur de ma fille, à laquelle je ne laisse rien. Je sais que tu es marié, que tu as des enfants, que tu n'es pas riche; je ne compte pas que tu puisses payer sa pension dans une école, je sais que tu le ferais si tu le pouvais; mais tes relations dans l'Université t'aideront à la caser pour rien quelque part. En tout cas, pardonne à l'égoïsme d'un père; je te mets un nouveau fardeau sur les bras, à toi qui, je le sais, en as beaucoup d'autres. Ma fille aura bientôt quatorze ans, je ne te dis pas combien elle est aimable, car je ne veux pas m'attendrir. Tu recevras peut-être l'annonce de ma mort en même temps que cette lettre. »

» Il ne mourut que quelques semaines après. J'avais eu le temps de lui écrire plusieurs fois. J'avais aussi écrit à un notaire de Fougères qu'on m'avait donné pour un de ces hommes qui font honneur à leur profession par leur intelligence, leur droiture et leur bonté. Je lui écrivis de nouveau, quand j'appris la mort de mon camarade, pour le prier de me seconder dans mes fonctions de tuteur.

» Il me répondit courrier par courrier. Il avait connu le père de Maillard et Maillard lui-même. Je sus plus tard qu'il lui avait rendu discrètement quelques services. Il me renseigna très exactement sur l'oncle et les deux tantes de mon pauvre ami; mais ses renseignements étaient loin d'être encourageants. Pour toutes sortes de raisons, il n'y avait pas à compter sur les Morel. Il me conseilla d'écrire à M. Duguin. « Il est ici, me disait-il; il prétend avoir définitivement quitté la mer. Je l'ai vu, car il se trouve précisément que je suis son notaire, et je lui ai parlé de votre pupille, mais il m'a fort mal reçu. Il donnera 300 francs par an, jusqu'à ce qu'elle ait dix-huit ans, pour sa pension dans un couvent; à dix-huit ans, qu'elle ne compte plus sur lui. Il n'a jamais aimé son beau-frère, ni son neveu, et il n'y a pas lieu d'espérer qu'il s'intéresse à sa petite-nièce. Il ne s'intéresse d'ailleurs à personne. Les Morel ont essayé de l'attirer chez eux, et ensuite de lui faire leur cour, mais il les a mis très brutalement à la porte. Mademoiselle Duguin, l'institutrice de Nantes, a rompu depuis longtemps avec sa famille. Personne ne la connaît plus ici. On lui fait une réputation de socialiste exaltée; je crois qu'elle ne la mérite pas, mais elle a évidemment une liberté d'esprit peu ordinaire chez une femme, et je crois qu'elle prend plaisir à heurter de front les préjugés. Ces allures ne doivent pas lui avoir profité dans la profession qu'elle exerce, et cependant on la dit dans une situation indépendante. Il est difficile de s'adresser à elle, car si elle vous propose, comme cela est possible, de prendre votre pupille chez elle, le cas sera embarrassant. » Cet honnête homme ne me disait pas qu'il faisait prendre des informations à Nantes par un ami très sûr. En attendant, je réussis par son moyen à trouver un asile convenable pour la jeune personne; je me promis de ne pas toucher aux 300 francs de l'oncle Duguin, et de les accumuler chaque année, pour que ma pupille eût, à l'âge de dix-huit ans, une petite somme de mille à douze cents francs devant elle. Je ne sais si j'aurais réussi tout seul à exécuter mon plan. M. Dubruel, le notaire, me rendit tout facile. A peine lui eus-je mis en main les affaires de cette pauvre enfant, qu'il devint pour elle un ami, et je pourrais presque dire un père.

» Je ne tardai pas à apprendre que M. Duguin était sérieusement malade. Je pensai que, s'il mourait sans testament, sa fortune se diviserait en trois parts égales; car ma pupille, suivant la règle que je t'ai expliquée, représentait son père, qui lui-même représentait sa mère, sœur de M. Duguin, comme mademoiselle Duguin et madame Morel. Il vivait presque sordidement. Les commérages de la ville lui attribuaient une grosse fortune, mais je n'y croyais pas. S'il avait trois mille francs de rentes, cela faisait un revenu de mille francs pour ma protégée ; ni mes espérances ni mes vœux n'allaient au delà. J'appris que les Morel redoublaient d'efforts pour accaparer le moribond, et je fis le voyage de Fougères pour forcer sa porte qu'il avait obstinément fermée à ma pupille. Il me reçut avec elle, au grand désespoir des Morel. Je lui représentai la situation d'une fillette de seize ans, petite-fille de la sœur qu'il avait perdue, abandonnée sans ressources et sans appui. Il ne montra pas de tendresse ; mais il fut convenable et poli, et je sortis de là avec la conviction que ma pupille aurait au moins sa part légitime. La pauvre enfant, qui souffrait cruellement de sa position, partageait mon espérance ; Dubruel nous encourageait. « Mais, disait-il, avec ces vieux garçons, il faut s'attendre à tout. » J'étais à peine rentré à Paris, que j'appris la mort de M. Duguin. Je retournai à Fougères en toute hâte. Je vis d'abord M. Dubruel. « Y a-t-il un testament? lui dis-je. — Il y en a un; mais je n'en suis que le dépositaire. Il me l'a remis tout fait, sous enveloppe cachetée. J'en ignore le contenu. » Je le trouvai triste et préoccupé. Il me dit cependant que la fortune du défunt était assez belle. Il laissait, tous frais prélevés, un revenu de cinq mille francs. « Il est impossible, dis-je à Dubruel, qu'il n'ait rien fait pour sa petite-nièce. — Je l'espère, » me répondit-il, mais d'un air à me décourager.

» Je passai la nuit chez Dubruel avec ma pupille. Nous nous dîmes le lendemain qu'aucun de nous n'avait pu fermer l'œil. Nous assistâmes au service, où la famille était au grand complet. Mademoiselle Duguin elle-même était venue. Ma pupille rentra, après la messe, avec madame Dubruel, sans qu'aucune des femmes de la famille lui eût fait la moindre avance. Les hommes suivirent le corps jusqu'au cimetière. Une heure après, tous les intéressés se trouvaient réunis dans le cabinet de Dubruel, où devait se faire la lecture du testament. Ma pupille, pâle comme un linge, était entre moi et madame Dubruel, qui n'avait pas voulu la quitter. M. et madame Morel, qui me parurent des personnes très vulgaires, ne branlèrent pas à notre entrée. Mademoiselle Duguin fit une inclination un peu raide. Je remarquai que ses yeux étaient constamment fixés sur ma pupille, que ce regard troublait et embarrassait. Mademoiselle Duguin était une grande fille maigre, sèche, tannée, ridée, dont les yeux brillaient comme des charbons. L'expression de son visage me parut dure. Il n'y avait rien d'excentrique dans ses façons et dans son costume, quoique ses gestes et son attitude eussent quelque chose de décidé et de masculin. Elle se tenait loin de sa sœur, et il était facile de voir qu'il n'y avait entre elles nulle trace d'amitié. Il n'y avait non plus aucune ressemblance. Mademoiselle Duguin — la Duguin, comme on l'appelait communément — ressemblait plutôt à son frère.

Dubruel remplit quelques formalités qui me parurent longues ; il fit reconnaître les cachets, puis il rompit l'enveloppe et parcourut rapidement des yeux le testament. Tous les regards le dévc aient. Il me regarda, et je compris que toutes nos espérances avaient été vaines. Le défunt déclarait qu'il n'avait jamais été marié, mais qu'il avait un fils naturel, dont il donnait le nom et l'adresse. Il le reconnaissait et lui donnait toute sa fortune. Ses autres parents n'étaient pas même nommés dans le testament.

» A peine la lecture fut-elle terminée, que M. Morel, chancelant comme un homme ivre, et la figure blême de fureur, s'avança près de M. Dubruel pour se convaincre de la vérité par ses propres yeux. Madame Morel éclata en sanglots, puis en invectives contre son frère, qu'elle traita de débauché et de parent dénaturé. Ma petite pupille pleurait doucement, et abandonnait sa main à madame Dubruel, qui la pressait avec la tendresse d'une mère. Seule la Duguin était restée immobile, les yeux toujours fixés sur sa petite nièce. Elle n'avait ni tressailli, ni changé de visage à la lecture du testament. Au moment où je donnais à madame Dubruel le signal de nous retirer et de laisser les Morel exhaler leurs ressentiments, mademoiselle Duguin se leva brusquement, traversa presque toute la pièce, et prenant la main de ma pupille : « Mon frère te laisse sans pain, lui dit-elle, mais tu ne seras pas plus longtemps à la charge des étrangers. Viens chez moi ; je ne suis pas riche ; tu travailleras comme je travaille, et le peu que j'ai sera à toi après ma mort. Je sais, me dit-elle, que vous et M. Dubruel vous avez fait votre devoir et plus que votre devoir; j'ai été au courant de tout, et même de l'enquête que vous avez faite sur la Duguin. On peut vous avoir dit du mal de ses idées, mais je défie tout le monde d'en dire sur sa conduite. Vous êtes son tuteur; donnez-la-moi, je vous la demande. J'avais espéré jusqu'à la fin, ajouta-t-elle, que mon frère lui ferait un sort. Mais tout est peut-être mieux ainsi, pour elle et pour moi. »

— Et elle l'a emmenée, mon parrain?

— Elle l'a emmenée, mon enfant; et elle l'a mariée; et elle a tenu sa parole en mourant, car elle lui a laissé sa très petite fortune. Elle a fait plus encore: elle a été pour elle jusqu'à la fin la plus tendre des mères, sinon la plus caressante. »

IX

LA CAISSE D'ÉPARGNE

Jeannic réfléchit profondément sur l'histoire de ma pupille.

« Mon parrain, dit-il le lendemain en entrant chez moi, c'est bien heureux que mademoiselle Duguin se soit chargée de votre pupille ! — Oui, mon petit homme, c'est très heureux, et je te remercie de l'intérêt que tu portes à ma protégée. — Mademoiselle Duguin, mon parrain, avait été mal traitée par son frère, qui l'avait oubliée ; et pourtant, au lieu de se fâcher comme ces vilains Morel, elle choisit ce moment-là pour faire une bonne action. — Tu as raison, cela l'honore. — Ce n'était donc pas une vilaine femme, après tout, comme on vous l'avait dit, mon parrain. — C'était au contraire une personne très honorable et très estimable ; mais, mon enfant, personne ne m'avait dit qu'elle fût une mauvaise femme. Elle avait seulement le tort de parler trop librement sur certaines choses. Une femme s'expose toujours à être mal jugée, quand elle ne se conforme pas strictement aux usages et aux convenances.

— Oui, mon parrain. Qu'est-ce que vous auriez fait, si mademoiselle Duguin n'avait pas été si généreuse ? — J'aurais cherché, avec M. Dubruel, le moyen de placer notre chère enfant, comme institutrice ou comme gouvernante dans une maison honnête. — Est-ce que ces places-là se trouvent facilement ? — Très difficilement, au contraire. Il est difficile, même pour un homme, de trouver un bon emploi ; mais cela est vingt fois, cent fois plus difficile pour une femme. — Assurément, mon parrain, dit-il avec un peu d'animation, vous n'auriez pas souffert que la fille de votre ami devînt une servante ? »

Je ne pus m'empêcher de sourire, car Julienne avait été servante chez madame Guillemot, et M. l'adjoint lui-même avait été domestique chez mon père et chez M. Ozon ; mais ne voulant pas, pour le moment, discuter la thèse de l'égalité avec un si rude logicien, je me contentai de lui dire, ce qui était vrai, que j'avais pensé à continuer moi-même l'éducation de ma pupille, à lui faire prendre un brevet, et à lui obtenir une place d'institutrice-adjointe.

« Mais, mon parrain, si M. Maillard ne vous avait

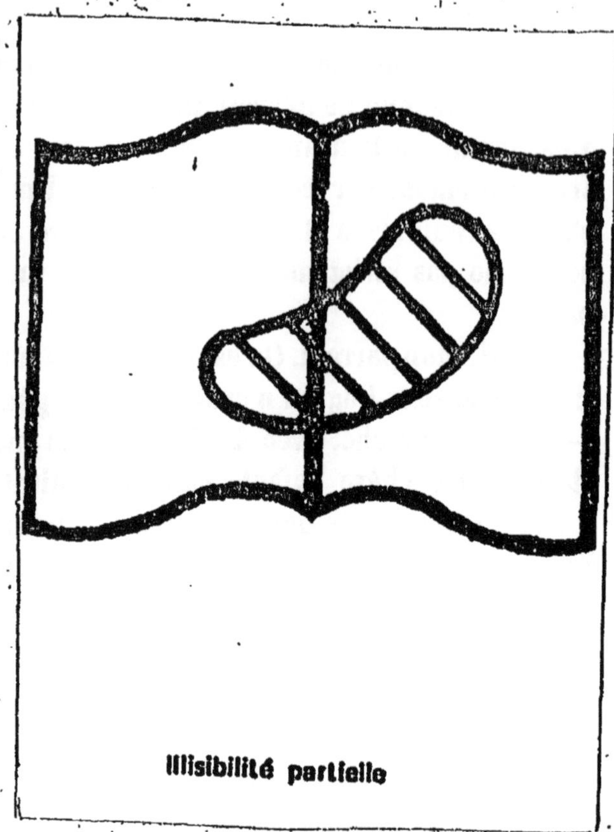

Illisibilité partielle

pas trouvé pour prendre soin de sa fille après sa mort ? — Il se serait adressé à quelque autre de ses anciens amis. — Et s'il n'avait pas d'ami ? — Il aurait écrit à quelque homme de cœur, à M. Dubruel, par exemple. — Et s'il n'avait pas connu M. Dubruel ?

— Où veux-tu en venir avec toutes tes questions, lui dis-je un peu impatienté ? Dis-moi tout de suite ce qui te trotte par la tête ; car je suis persuadé qu'il y a encore du Jean Le Flô par là-dessous. — Oui, mon parrain, il y en a. Mais dites-moi d'abord si M. Maillard était un honnête homme ? — Un très honnête homme, répondis-je en le voyant venir. — Eh bien, mon parrain, la fille d'un très honnête homme ne doit pas être exposée à mourir de faim. Cela est contraire à la raison et à la justice.

— Jeannic, lui dis-je en riant, tu n'es qu'un socialiste, et un socialiste pire que mademoiselle Duguin. — Que mademoiselle Duguin ! dit-il, Je voudrais bien lui ressembler à mademoiselle Duguin, car elle a fait une bonne action ; et j'en ferai aussi quand je serai grand. Mais, mon parrain, pourquoi m'appelez-vous socialiste ? Je ne vois pas qu'il y ait grand mal à être socialiste, si l'on mérite ce nom en disant que personne ne doit être malheureux sans l'avoir mérité. — Il y a, lui dis-je, deux sortes de socialistes : les uns le sont par bonté, parce qu'ils voudraient que personne ne fût malheureux, et les autres par convoitise et par jalousie, parce qu'ils ne peuvent pas souffrir que les autres possèdent des biens dont ils sont eux-mêmes privés. Ton grand-père et toi, lui dis-je, vous êtes des socialistes de la première espèce, et vous avez dans votre erreur des compagnons très illustres, Fénelon, par exemple. Tu as peut-être lu *Télémaque?* — Oui, dit-il. Je l'ai dans ma bibliothèque. » Il avait quatorze volumes dans « sa bibliothèque ». Je les avais comptés et triés, et je me proposais d'y faire des additions considérables. « Puisque tu as lu *Télémaque,* lui dis-je, tu connais la république de Salente. Crois-tu qu'on puisse la réaliser? — Je sais, dit-il, que ce n'est qu'un rêve, mais c'est un beau rêve. — Pas si beau, lui dis-je ; et si tu veux bien y penser quelque temps, tu verras qu'il ne te serait pas agréable à toi-même de faire partie de la quatrième classe, ou même de la première classe, de porter toujours le même vêtement, de manger la même nourriture, de travailler toujours aux mêmes choses. — Oui, dit-il, cela m'ennuierait. Je crois que, quand on est grand, on ne peut pas être tenu comme des enfants qui sont à l'école. Mais aussi, mon parrain, je vous ai dit que ce n'est qu'un rêve. — C'est un rêve, et un mauvais rêve, lui dis-je, puisqu'il supprime la liberté, et il en est ainsi des inventions de tous les socialistes, même les meilleurs. »

Il parut mortifié, et même, je dois le dire, un peu indigné. « Ainsi, il ne faut pas s'occuper des pauvres gens ! Il faut les laisser souffrir, sans les regarder ! Ils peuvent bien mourir de faim, ce n'est pas notre affaire, à nous autres qui avons de quoi dîner! — Tu déraisonnes, mon cher garçon, lui dis-je un peu sévèrement. Qui te donne le droit de me faire dire qu'on ne doit pas s'occuper de ceux qui souffrent? — Oui, je sais, dit-il; vous leur faites l'aumône! » Il avait des airs de mépris impayables. Je retrouvais non seulement les propos, mais l'accent solennel et emphatique de son grand-père. « Il ne faut pas, dis-je très simplement, tant mépriser ceux qui font l'aumône et ceux qui la reçoivent. L'aumône doit être faite avec discernement; elle doit être reçue avec reconnaissance, et en même temps avec dignité. Cela dit pour ne pas tomber dans des exagérations que je trouve un peu ridicules, je conviens avec toi que l'aumône n'est qu'un palliatif souvent insignifiant, et que ce n'est pas en leur donnant de l'argent qu'on sert le mieux les pauvres. Au lieu d'adoucir leurs maux quand ils sont tombés, il vaut bien mieux leur donner les moyens, ou de ne pas tomber, ou de se relever par leurs propres forces. La société s'en est préoccupée; elle redouble journellement ses efforts, et, quoiqu'il reste encore beaucoup à faire, il serait injuste et cruel de ne pas rendre justice à ce qui a déjà été fait. »

Jean Le Flô entra dans ma chambre comme je prononçais ces derniers mots, et il les appuya avec énergie. Jeannic nous regardait tous les deux l'un après l'autre avec un certain étonnement. « Ton petit-fils, lui dis-je, est tout surpris de nous voir d'accord, parce que je lui ai dit deux ou trois fois que tu étais un exalté et un rêveur... — Et un socialiste, dit Jeannic, qui avait ce mot sur le cœur. — Et un socialiste, repris-je; mais tu sais, Jeannic, un socialiste de la bonne espèce; de l'espèce de Fénelon et de mademoiselle Duguin! » Il se mit franchement à rire. « Je sais bien, dit-il, que vous pensez les mêmes choses, quoique vous les disiez chacun à votre façon. Mais, mon parrain, quelles sont donc les inventions dont vous parlez, et qui doivent servir de remède à la misère?

— Je ne te citerai pas les hôpitaux, lui dis-je... — Non certainement, mon parrain, ni les hospices, parce que ce ne sont que des adoucissements pour ceux qui sont tombés, » dit-il en imitant légèrement ma voix. Je lui répondis sans perdre ma bonne humeur : « Mais tu conviendras qu'il serait bien malheureux de ne pas les avoir. As-tu des objections contre les écoles? — Non! dit-il avec ardeur. » Et il ajouta, en rougissant et en regardant son grand-père, qui caressait ses longs cheveux : « J'ai lu dans un livre, mon parrain, qu'il faut donner aux écoles tous les millions dont elles ont besoin, et ne pas les regretter. — Tu n'es qu'un vil flatteur... On ne fera jamais rien qui soit plus efficace que l'école pour améliorer la condition des sociétés humaines; et quand je dis l'école, je parle également des plus humbles écoles de hameaux, où l'on apprend l'*a b c* aux petits enfants, et des plus hautes universités, où l'on recule les bornes de la science. » Jeannic, en prenant tous ses plus grands airs : « Le peuple qui a les meilleures écoles est le premier peuple ; s'il ne l'est pas aujourd'hui, il le sera demain. — Tu ferais mieux, dis-je à Le Flô tout en lui serrant la main, de lui faire lire de plus beaux livres. — J'ai mes idées sur ce sujet, » me dit mon camarade en riant, et en embrassant son petit-fils, qui me donna ensuite à moi-même un gros baiser. J'étais plus touché de ces témoignages d'affection que je ne voulais le paraître. « Mais continuons, lui dis-je. Avez-vous, à Saint-Jean, une société de secours mutuels ? — Oui ! oui ! dit Jeannic, et c'est mon père qui l'a fondée et qui en est le président. Il a été à Vannes tout exprès pour étudier les deux sociétés qui s'y trouvent ; il a rapporté ici les règlements, et grand-père et lui ont fait des conférences tous les dimanches pour expliquer la chose aux paysans. Mon père disait qu'ils avaient la tête bien dure. Ils ont fini cependant par comprendre, car la société est fondée et grand-père dit que c'est une société modèle.

— Et tu sais sans doute, mon bon ami, quel est le but d'une société de secours mutuels ? — Oui, mon parrain. Les ouvriers, et tous ceux qui vivent à la journée, se trouvent tout à coup sans ressources quand la maladie les empêche de travailler. Ils sont obligés alors de compter sur la bonne volonté de leurs voisins et de leurs amis, qui, n'ayant eux-mêmes que le nécessaire, et étant obligés de travailler tout le jour, ne peuvent que difficilement leur venir en aide. On a donc songé à faire une bourse commune, dans laquelle les associés versent tous les mois, ou tous les samedis, une somme modique qui, multipliée par le nombre des adhérents, devient très importante. La charge est si légère, que les moins riches la supportent sans trop de peine; et le bénéfice est considérable, car, si la maladie survient, non seulement on reçoit pour rien les visites du médecin de la société et les remèdes fournis par le pharmacien de la société, mais on touche encore une petite somme prise sur le fonds commun, et qui remplace jusqu'à un certain point le salaire. C'est une excellente institution. Mon père dit qu'un bon ouvrier qui fait partie d'une bonne société de secours mutuels ne dépend plus de personne.

—Ton père a raison, mon ami, s'il ne pense qu'aux maladies accidentelles, à celles qui durent un certain temps et qui peuvent se guérir. Mais il y a des infirmités, des incapacités de travailler malheureusement incurables. Par exemple, un couvreur tombe du haut d'un toit et se casse un bras ou une jambe; un tailleur ou un autre ouvrier perd la vue. Dans ces cas-là, faudra-t-il aller à l'hospice? se séparer des siens? C'est bien dur. Et puis, il n'y a pas toujours un hospice, et quand on en a un, il ne s'y trouve pas toujours une place vacante. Voilà donc un ouvrier qui, hier encore, était vaillant et bien portant, qui élevait bien sa petite famille, et qui, du jour au lendemain, se trouve réduit à mendier, inutile aux autres et à lui-même. A-t-on pensé à celui-là, mon Jeannic? Les sociétés de secours mutuels ne peuvent pas avoir de pensionnaires perpétuels; il a donc fallu chercher autre chose. A-t-on cherché? a-t-on trouvé?

— Dites-le-moi, je vous en prie, mon parrain. Je suis bien sûr que l'on a cherché, mais j'ai bien peur qu'on n'ait pas pu trouver.

— On a trouvé la caisse d'épargne. On s'est dit : Les riches augmentent leurs richesses de deux façons, en travaillant et en épargnant. On ne peut pas toujours faire un travail productif; mais on peut presque toujours épargner. Aux riches, aux gens aisés, cela est très facile; à ceux qui ne gagnent que le strict nécessaire, cela est presque impossible. Cependant ce n'est pas impossible tout à fait. Il y a toujours un moment, même dans la situation la plus gênée, où l'on peut dépenser un peu moins qu'on ne reçoit. Pourquoi les pauvres gens ne se donnent-ils pas la peine d'épargner ce peu, et de l'accumuler? C'est que les sommes sont si petites et la privation si dure, qu'on ne voit pas la raison d'aggraver encore une situation déjà trop pénible. D'ailleurs, jusqu'à la création de la caisse d'épargne, la somme épargnée restait là inerte, stérile : 20 francs épargnés aujourd'hui ne faisaient que 20 francs au bout de vingt ans, et peut-être moins de 20 francs, puisque la valeur de l'argent diminue au lieu de s'accroître. Le bourgeois qui a mis 500 francs de côté, les place, en tire un intérêt; ses 500 francs travaillent pour lui sans qu'il s'en mêle; ils valent 505 francs ou 504 francs au bout d'une année, 508 francs au bout de la seconde; et comme les intérêts s'accumulent et portent eux-mêmes des intérêts, cela va d'abord tout doucement et ensuite plus vite, de sorte qu'au bout d'un certain nombre d'années le capital se trouve doublé. Si l'ouvrier, le journalier, le pauvre, qui n'épargne jamais 500 francs, ni 100 francs, ni même peut-être 20 francs, pouvait aussi placer à intérêt les 5 francs, ou le franc, ou les centimes qu'il parvient à économiser, il aurait une raison toute nouvelle de se priver; et cette raison serait de jour en jour plus forte, à mesure que sa mise s'accroîtrait. Voilà, mon enfant, l'idée économique et l'idée morale sur laquelle repose l'institution de la caisse d'épargne. L'Etat s'en est mêlé : il fait gratis le service administratif; il garantit les fonds déposés, et l'intérêt. Les déposants sont d'abord venus lentement; à présent l'habitude est prise, et plus elle se répandra, plus les mœurs y gagneront, et plus la situation du pauvre perdra ce qu'elle a de douloureux et de précaire... Mais, j'y pense, il est impossible que tu ne connaisses pas l'existence de la caisse d'épargne?

— Je la connais si bien, mon parrain, que tel que vous me voyez, moi, Jeannic Le Breton, j'ai 250 francs placés à la caisse d'épargne.

— En vérité! Et comment as-tu accumulé ces richesses?

— Notre maire, me dit Jean Le Flô, est cloué, comme tu le sais, sur son fauteuil, de sorte que l'administration roule exclusivement sur moi. Mais, dit-il, si je ne peux pas travailler, je peux payer; et il a toujours la bourse à la main. C'est lui qui a payé de ses deniers les deux pompes de la commune. Entre autres cadeaux, il donne tous les ans huit livrets de 25 francs pour notre distribution des prix. Jeannic en a eu deux pour sa part l'année dernière; et, ajouta-t-il en clignant de l'œil, il se peut qu'il en ait encore autant cette année. Le Breton faisait quelques difficultés pour permettre à son fils de recevoir ces livrets: c'est comme pour les bourses, disait-il, il faut laisser cela à ceux qui en ont besoin;mais j'ai trouvé le moyen de nous tirer d'affaire. Puisque ton fils reçoit pour 50 francs de livrets, lui ai-je dit, tu vas tout à l'heure me verser 100 francs dans la caisse des écoles. Voilà comment Jeannic est capitaliste. Tu comprends que nous avons trouvé plus d'une occasion de grossir un peu son magot. Il a déjà ses projets pour le moment où, étant arrivé au maximum de 1000 francs, il sera obligé de retirer son argent de la caisse d'épargne, et de faire un placement régulier.

— Fort bien; mais, autant que j'en puis juger à sa mine, notre financier n'est pas pleinement satisfait de nos explications.

— Non vraiment, mon parrain : je vois bien les avantages de la caisse d'épargne; mais je sais aussi que la journée d'un ouvrier ne se paie pas plus de 2 francs ou 2 fr. 50 c. pour les meilleurs corps d'état (Jeannic est de Saint-Jean-Brévelay) et qu'on ne peut pas travailler tous les jours. Ceux qui mettent à la caisse d'épargne sont pauvres, mais ce ne sont pas les plus pauvres; et cependant, mon parrain, de qui aura-t-on pitié, sinon de ceux qui souffrent le plus? Et même nous autres, qui avons nos livrets et notre compte, ajouta-t-il en riant, nous avançons en vérité bien doucement. Il faut avoir épargné bien longtemps, bien persévéramment, pour compter qu'on a mis sa vieillesse à l'abri du besoin.

— Nous avons encore, lui dis-je, la caisse de la vieillesse, qui fonctionne comme la société de secours mutuel et garantit une certaine rente à un certain âge, moyennant une certaine cotisation que l'on paie.

— Une certaine rente, un certain âge, une certaine cotisation, tout cela est un peu vague, mon parrain; et je gage que cette certaine rente n'est pas grosse, et que cette certaine cotisation est bien lourde à payer.

— Tu te trompes, mon enfant: l'opération est fondée sur ce que les assurés qui meurent avant l'âge où ils auraient reçu une pension perdent toutes les cotisations qu'ils ont payées, et qui reviennent ainsi à la masse.

— Et vous croyez, mon parrain, qu'avec la caisse de la vieillesse, on peut être sûr de ne jamais être réduit à la misère et à la mendicité?

— Non, mon enfant. Nos remèdes ne suppriment

pas le malheur; ils l'adoucissent et le rendent plus rare. La science économique ressemble en cela à la médecine, qui trouve des remèdes pour des maladies réputées incurables, qui diminue la durée d'autres maladies, ou parvient à les rendre moins douloureuses, mais qui ne rêve pas d'arriver un jour à supprimer entièrement les maladies.

— Votre caisse de la vieillesse, mon parrain, ne sauve que le vieillard, et ne fait rien pour ceux qui tiennent à lui, qui ne vivent que par lui. Grand-père dit que la loi, et même la loi pénale, a des entrailles, ce que je ne suis pas sûr de comprendre. Si elle a des entrailles, elle doit avoir pensé aux veuves et aux orphelins.

— Je te parlerai une autre fois de la loi pénale, mon enfant; mais puisque nous en sommes aux sociétés de secours et aux institutions de prévoyance, je te dirai qu'on a inventé les assurances sur la vie, précisément dans l'intérêt des orphelins. Un père, un mari, dépose une somme, ou s'engage à payer une cotisation, sans qu'il lui en revienne jamais rien, à condition que la compagnie d'assurance paiera à sa veuve ou à ses enfants une somme beaucoup plus forte que toutes celles qu'il a versées. On peut ainsi mettre ceux qu'on aime à l'abri du besoin, avec un sacrifice relativement très léger. »

Jeannic promenait sa main avec agitation sur son front et dans ses cheveux, comme un homme qui veut mettre de l'ordre dans ses idées, et qui voit les questions surgir en foule. « Caisses d'épargne, caisses de retraites pour la vieillesse, assurances sur la vie... En avez-vous encore, mon parrain? — Si j'en ai! je n'ai pas même parlé des assurances contre l'incendie, ni des assurances contre la grêle, ni des assurances maritimes, ni...

— Mais est-il bien nécessaire de connaître tout cela, mon parrain?

— Il suffit, mon ami, de savoir que le principe de la mutualité est excellent, et qu'il est déraisonnable de ne pas prendre ses précautions contre les mauvaises chances, puisqu'on le peut. Quant aux formes des sociétés de secours, d'assurance mutuelle et de prévoyance, elles sont infinies; tu as tout le temps de les étudier. — Va faire une partie de balle! »

X

LA FABRIQUE

« En route! en route! Voilà le premier jour des vacances; il fait un temps splendide. Nous partons pour Saint-Caradec!

— Pour Saint-Caradec, mon parrain! Est-il possible? Il y a plus de cinq lieues!

— Il n'y en a que quatre. En route! en route! La carriole est attelée. Grand-père vient; et Julienne, et madame Guillard. On a mis dans le coffre un bon jambon, des crêpes, des bouteilles de vin. Nous trouverons là-bas du raisin et des poires magnifiques. Il n'y a que les paresseux qui resteront à la maison.

— Ce ne sera pas moi, dit Jeannic. En route! en route! Nous allons joliment nous amuser. Et nous monterons à pied la côte de Cadoudal?

— A pied! Comment donc? Voudrais-tu la monter en voiture? Une côte toute bordée de chèvrefeuilles, d'œillets sauvages et de clématites! Il me semble que j'en sens déjà la bonne odeur. Il faut mettre ton chapeau de paille.

—Et prendre mon filet et ma boîte pour les papillons. Madame Guillard, si nous trouvons un beau Nacré, ou un beau Vulcain, nous le garderons pour le musée cantonal. Mon parrain, est-ce une bien belle ville, Saint-Caradec?

— Une ville! Il n'y a pas plus de quatre maisons! Et tu appelles cela une ville? Est-ce comme cela que tu connais ton département?

—Ne vous fâchez pas. Qu'est-ce donc que nous allons visiter?

— La fabrique, morbleu! La nouvelle fabrique! Filature et tissage mécanique! Des broches par milliers! Des ouvriers par centaines! Et des rattacheurs! Et des soigneuses de carderie!

— Bravo! bravo! Mathurin, Françoise, nous allons voir le nouveau tissage mécanique! Vous garderez bien la maison. Il ne nous arrivera rien, n'ayez pas peur! En route! En route pour Saint-Caradec! »

Nous voilà partis.

Je n'avais pas la moindre intention d'expliquer à Jeannic dans quel état on reçoit le coton, par quels procédés on le prépare, ni le mécanisme d'un métier self-acting, ni le tissage et le pliage des étoffes. Je songeais surtout à lui faire faire un joyeux voyage, à le tirer un peu de Saint-Jean-Brévelay, à lui donner le spectacle de cette machine à vapeur mettant tous ces métiers en mouvement, de cette grande activité si parfaitement gouvernée et disciplinée, de ces transformations rapides d'une matière première que l'on voit d'abord sale et emmêlée, et qui, si peu de temps après, se roule sur un fuseau en fil d'une admirable ténuité. Il ne manqua pas d'être émerveillé de ce qu'il voyait. La vapeur ne lui était apparue jusque-là que sous la forme d'une charrue mécanique. Il regardait de tous ses yeux les bancs couverts de broches immobiles qui tout à coup se mettaient à tourner toutes ensemble avec une rapidité vertigineuse, et tout à coup s'arrêtaient pour recommencer à tourner un moment après. Je le promenai à travers toutes les salles, et le conduisis même dans les magasins remplis de fils de tous numéros et d'immenses métrages d'étoffes fabriquées. Nous ne quittâmes la fabrique que quand la cloche annonça la suspension des travaux pour le déjeuner. Je lui montrai sous un hangar les femmes à qui leurs enfants avaient apporté leur déjeuner dans un bidon; nous entrâmes dans le restaurant où la compagnie fournit à ceux de ses ouvriers qui se sont abonnés des mets de bonne qualité à prix coûtant. Je le conduisis aussi à l'école; il vit partir les enfants qui allaient commencer leur demi-journée, et arriver ceux qui avaient fini la leur. Il aurait bien voulu rester jusqu'à la nuit pour assister à la sortie des ouvriers et des ouvrières, et peut-être à leur repas du soir; mais nous avions un voyage à faire, et nous devions être de retour pour le dîner. Je parcourus avec lui quelques logements d'ouvriers, ceux qu'ils ont loués dans le village, et ceux que les plus avisés d'entre eux occupent dans la cité bâtie tout exprès par la compagnie. Mon philosophe avait beaucoup regardé, il avait fureté dans tous les coins. Il était surtout surpris de trouver toutes les maisons vides. De quoi s'étonnait-il? Ne venait-il pas de voir dans les ateliers les hommes, les femmes, les enfants? Un village de fabrique est désert depuis la cloche qui sonne l'entrée jusqu'à celle qui sonne la sortie.

« Mais, mon parrain, que deviennent les tout petits enfants? » Je l'attendais là. Je le conduisis à la crèche. C'était la première qu'il voyait. Les promenades des marmots, leurs chants et leurs exercices, lui causèrent un véritable ébahissement. De la crèche, nous passâmes à l'asile. Les écoles venaient ensuite; mais là il se retrouvait comme chez lui. Il fallut enfin remonter en voiture. On s'entassa comme on put, et grand-père fouetta vigoureusement la jument pour ne pas arriver trop tard. Jeannic fut taciturne tout le temps de la route. Il réfléchissait à tout ce qu'il avait vu dans la journée.

Le lendemain, il avait cent questions à me faire, sur la force de la vapeur et la façon dont on l'alimente, sur les courroies de transmission, sur les tordeuses et les retordeuses, sur la navette qu'une puissance inconnue lance d'un bout à l'autre du métier à tisser. Il voulait savoir le nom de tous les engins et de toutes les opérations, et des renseignements, et des explications; ce que c'était que le coton, de quel pays il venait, comment on le transportait. Je lui dis quels étaient les autres végétaux qui servent de matière textile. Le lin et le chanvre lui étaient bien connus. Je lui parlai aussi de la laine, de la soie, du jute. Deux jours après, nous n'étions pas encore sortis de tous ces détails, et il n'avait pas l'air de vouloir finir. Cette curiosité dans un si jeune enfant me faisait plaisir, et pourtant ce n'était pas pour lui fournir des idées sur la mécanique et l'industrie que j'avais prémédité mon excursion.

« Et les hommes, lui dis-je enfin ? tu ne m'en parles pas ?

— Les hommes, mon parrain ? Quels hommes ?

— Les hommes, les femmes et les enfants de la fabrique. »

Il se mit à rire. « Ce sont des gens comme nous autres. Je ne crois pas qu'ils soient tous du pays. Il doit y en avoir qui viennent de bien loin ; peut-être de Vannes.

— Cela, lui dis-je, est très présumable, et peut-être de beaucoup plus loin. Une usine n'a pas toujours d'ouvrage à faire. Le jour où elle éteint ses fourneaux, les ouvriers se dispersent et vont chercher de l'emploi dans un autre centre industriel.

— Ce doit être très malheureux pour eux, surtout quand ils ont de la famille. Pourquoi ne se mettent-ils pas à la terre ?

— Il est rare, mon bon ami, qu'on puisse ainsi changer d'état. Un très bon fileur serait un très mauvais laboureur. Et comment veux-tu que la terre emploie du jour au lendemain 200 ou 300 ouvriers, peut-être davantage, qui se trouvent renvoyés tous à la fois ? Un des fléaux particuliers de la grande industrie, ce sont ces interruptions subites de travail, qui tiennent à des causes très diverses, quelquefois aux prétentions des ouvriers eux-mêmes qui demandent à toucher des salaires plus élevés, et entrent en lutte avec leurs patrons. Il y a des crises industrielles qui font autant de mal que la guerre ou la peste.

— Et malgré cela, on persiste à entrer dans ces grands ateliers ? C'est peut-être par paresse ?

— Par paresse ! Voilà une idée à laquelle je ne m'attendais pas ! Que veux-tu dire ?

— Mais, mon parrain, le métier de ces gens-là n'est pas fatigant. Ils sont là dans des salles grandes comme notre église ; ils ont de l'espace, de bon air ; ils ne font rien qu'avancer et reculer, en donnant un léger mouvement de la main ; il y en a même qui restent en place, et qui sont assis. Les rattacheurs et les rattacheuses font un nœud dans un fil toutes les cinq minutes. Qu'est-ce que tout cela, auprès de la peine d'un garçon de charrue ? J'ai vu Nicolas, qui est si fort, revenir le soir en se traînant derrière ses bœufs, et ne pouvant plus remuer ses jambes, à force d'avoir marché toute la journée sous le soleil dans les terres remuées. Et les forgerons, mon parrain? Et les charrons? Et les couvreurs, qui sont toujours sur les toits? Voilà des métiers dangereux et difficiles!

— Et les tailleurs, mon ami? Est-ce que tu crois qu'ils ne sont pas fatigués le soir, quoiqu'ils n'aient eu à la main qu'une aiguille?

— Oui, mon parrain, parce qu'ils sont restés sur leur établi toute la journée et qu'ils se sont fatigué la main et les yeux.

— Toute la journée, voilà le secret, mon enfant. C'est ce mouvement, peu fatigant en lui-même s'il ne durait que peu de temps, et cette attention prolongée pendant onze heures, qui finissent par devenir une très lourde tâche. Tous les ouvriers que tu as vus sont astreints à l'assiduité la plus complète. Excepté le moment de leur repas, ils sont attachés à leur métier, et ne peuvent ni s'en éloigner, ni même en détourner pour un instant leur attention.

— Vous avez raison, je n'y pensais pas, mon parrain. Mais alors, si le métier est si fatigant, et exposé à des crises si fâcheuses, comment les fabriques trouvent-elles des ouvriers?

— On trouve preneurs pour toutes les charges, même les plus lourdes, mon pauvre garçon; car il ne manque pas de gens qui ont besoin de gagner leur subsistance à tout prix. Mais il faut que tu saches que les salaires sont très élevés dans les fabriques, ce qui compense bien des choses. Combien les journaliers gagnent-ils à Saint-Jean?

— Un franc quand ils sont nourris, et 2 francs, quelquefois 2 fr. 50 c., sans nourriture. Les femmes sont moins payées, et les enfants qu'on emploie comme pâtours ou pâtouresses, sont bien heureux quand on leur donne plus de 2 francs pour la semaine. Et encore, dans beaucoup de fermes, on fait sortir les bestiaux le dimanche.

— Eh bien! dans les fabriques, les femmes peuvent gagner des salaires de 3 francs, et souvent davantage; les enfants ont des semaines de 7 ou 10 francs. Un bon ouvrier gagne couramment ses 5 francs par jour.

— A ces prix-là, mon parrain, une famille d'ouvriers où tout le monde travaille, le père, la mère et les enfants, peut être véritablement riche.

— En voilà, mon Jeannic, qui peuvent mettre à la caisse d'épargne, et à la caisse de la vieillesse, et profiter de toutes les institutions dont nous avons parlé l'autre jour!

— Oui, pourvu qu'il n'y ait pas de crise! Mais vraiment, mon parrain, malgré cette assiduité dont vous parliez, et qui est fâcheuse, je trouve que les ouvriers de fabrique sont bien heureux, toujours, bien entendu, quand il n'y a pas de crise.

— Il y a pourtant une chose à considérer, mon ami : c'est que le père, la mère et les enfants ne passent pas leurs journées ensemble. Le père et la mère entrent chacun dans leur atelier à sept heures du matin, c'est-à-dire à la pointe du jour; ils en sortent à six heures du soir, c'est-à-dire à la nuit. Si leurs enfants sortent à la même heure, ils peuvent rentrer ensemble, prendre ensemble leur repas du soir. Très souvent, comme il n'y a personne à les attendre chez eux, ils dînent dans un restaurant. La mère, qui, avant d'être tisseuse, ou soigneuse de carderie, avait été rattacheuse dès l'âge de sept ans, ne sait ni allumer du feu ni enfiler une aiguille. Est-ce que cela ressemble aux familles que tu connais, mon Jeannic?

— Je n'y avais pas pensé, mon parrain. Mais à présent, cela me paraît terrible.

— C'est au moins très grave, et digne de toute l'attention d'un philosophe tel que toi. Et te rappelles-tu les crèches que nous avons visitées?

— Oui, mon parrain. Ce sont comme des ateliers où l'on apprend aux plus petits enfants à se passer des soins de leurs mères.

— Dis plutôt que ce sont des asiles où on les remplace. Les crèches sont un des moyens les plus ingénieux et les plus touchants qu'on ait inventés pour remplacer la famille. On fait beaucoup d'efforts, en tout genre, ou pour remplacer la famille, ou pour l'empêcher de se dissoudre. Des fabricants au cœur généreux ont pris l'initiative de payer leur salaire aux jeunes mères pendant les premières semaines après l'accouchement. Cette simple mesure, sans parler de ses effets moraux, a diminué dans une forte proportion la mortalité des nouveau-nés. On a formé des sociétés pour construire des cités ouvrières, où la famille est commodément et proprement logée. Au moyen d'une combinaison économique très simple, l'ouvrier, en subissant une retenue sur son salaire, peut devenir au bout de douze ou de quatorze ans propriétaire de sa maisonnette. D'autres dispositions, en abaissant le prix de la plupart des denrées par l'achat en gros et la suppression des intermédiaires, introduisent dans le ménage assez d'aisance pour que la femme renonce à l'usine, et se voue à l'administration de son intérieur, ce qui est sa vocation véritable. Retrouver la mère, c'est refaire la famille, mon Jeannic.

— Et fait-on cela à Saint-Caradec?

— On le fait ou on va le faire. Maintenant, sais-tu pourquoi j'ai tenu à appeler ton attention sur toutes ces questions? C'est que les machines, que l'on connaissait à peine il y a cinquante ans, sont destinées à se multiplier. Elles se partageront la France avec l'agriculture. Beaucoup de contrées qui sont aujourd'hui exclusivement agricoles deviendront exclusivement industrielles, ou, ce qui est plus avantageux, à la fois industrielles et agricoles. L'agriculture est le monde de la tradition et de la famille; l'industrie, celui du mouvement et de l'individualisme. Les philosophes ont une grande tâche à remplir, car ils doivent accueillir le progrès, y aider, et en même temps préserver de toute atteinte les mœurs et l'esprit de famille. »

Je vis que Jeannic ne me suivait plus. Je voulus au moins lui laisser sur tout cela une idée simple, qui se gravera dans son souvenir, et dont il comprendra plus tard l'utilité et la portée.

« Mon enfant, lui dis-je, sais-tu quel est le plus grand service qu'on puisse rendre aux patrons et aux ouvriers?

— Quel est-il, mon parrain?

— C'est de leur persuader aux uns et aux autres que leurs intérêts, loin d'être opposés, comme ils le croient quelquefois, sont absolument les mêmes; qu'ils doivent travailler au bien-être les uns des autres, par fraternité sans doute, mais en même temps par égoïsme; que rien n'est plus avantageux aux patrons que le bonheur de leurs ouvriers, ni aux ouvriers que la prospérité de leurs maîtres.

« Aimer, servir; faire le bien, faire du bien. Souviens-toi toute ta vie, mon enfant, que la haine n'est pas seulement une mauvaise passion, mais un mauvais calcul. »

XI

LE JUGE

Un jour, je voulus aller revoir le moulin de Pontécouvrant, qui a autrefois appartenu à mon père. C'est une bonne course, d'environ trois quarts de lieue. Jeannic était seul avec moi; car son grand-père était resté à la maison pour je ne sais quelle besogne pressée, en nous promettant de venir au-devant de nous à notre retour. Le moulin de Pontécouvrant a cela d'original que, quand on y arrive du côté de Saint-Jean, on aperçoit la roue au beau milieu de la prairie, et l'on ne voit pas la maison. Seulement, le long de la rivière et à côté de la roue, il y a un talus tout couvert de citrouilles, de haricots, de tournesols et de groseilliers. C'est le toit du moulin. En venant de l'autre côté, c'est-à-dire en suivant le bord de l'eau, on voit que ce jardin suspendu est supporté par un formidable pan de muraille de granit, percée d'une large porte et d'une étroite fenêtre, reste d'une ancienne construction féodale. Nous montâmes jusqu'au bout du jardin, ou plutôt jusqu'à l'extrémité du toit; et arrivés là, nous vîmes, à un mètre environ au-dessous de nous, un homme appuyé sur le déversoir; mais le déversoir était vide, et la roue du moulin immobile. Jeannic me dit que c'était le meunier. Celui-ci leva la tête en s'entendant nommer, me salua poliment, et me demanda s'il pouvait quelque chose pour mon service. Je lui fis quelques questions banales, que me suggérèrent mes anciens souvenirs. Rien n'était changé depuis cinquante ans. La prairie était toujours verte et marécageuse, l'eau du ruisseau toujours limpide; quant à la maison, enfouie de trois côtés sous la terre et la verdure, elle semblait bâtie pour des siècles. Je lui parlai des belles truites que nous avions pêchées là au temps fabuleux de 1820, et des belles poires et des belles cerises que nous allions cueillir sur son toit et dans son verger. « Mais, lui dis-je, je reconnais à peine la rivière. Elle coulait autrefois au niveau de ses rives; et à présent je la vois profondément encaissée, et plus semblable à un ruisseau qu'à une rivière. Je ne crois pas, en vérité, qu'il reste assez d'eau pour faire aller le moulin. » Il prit alors sa barre de fer, et leva la vanne. Un mince filet courut dans le déversoir et de là sur la roue, qui oscilla une seconde, et reprit aussitôt son immobilité tandis que l'eau glissait entre les jantes.

« Vous voyez, me dit-il; il n'y a plus ni rivière, ni moulin; le meunier n'a plus qu'à prendre son bâton et à partir. » Il était triste et agité en parlant ainsi. « Mais, lui dis-je, je ne comprends pas que la rivière soit tarie; j'ai passé le pont il y a dix minutes, et il y avait une belle masse d'eau courante. — Montez sur la cheminée, dit-il (je n'avais pour cela qu'à lever le pied), et regardez là-bas, par-dessus la haie, dans les champs de M. de Saré. » Le mystère me fut aussitôt dévoilé. On avait creusé, dans les champs de M. de Saré, une quantité de petites rigoles, qui prenaient l'eau de la rivière au-dessus de la prairie de Pontécouvrant, et l'y reversaient quarante mètres plus loin, en formant sur un lit de pierres plusieurs jolies petites cascades, et en laissant le moulin parfaitement à sec.

« Il me semble bien, lui dis-je alors, que le moulin de Pontécouvrant, et le champ que je vois là-bas, font partie du domaine de Kerjau, et appartiennent au baron de Saré. Il vous a loué votre moulin, et en même temps le cours d'eau qui le fait marcher. Vous avez droit à l'un comme à l'autre. Adressez-vous à votre propriétaire, au lieu de penser à vous en aller. — Le baron de Saré? dit-il, Il doit être à présent en Algérie. Je n'ai affaire qu'à son intendant, qui veut me forcer de partir, et qui prétend que j'ai assez d'eau pour mon moulin. — Comment! lui dis-je; il n'y a qu'à ouvrir les yeux. — Oui, monsieur, aujourd'hui, parce que le temps est au sec depuis huit jours; mais quand il y a de grandes pluies, ce qui arrive, comme v[illegible]avez, très souvent, l'eau me [illegible] de sorte que l'[illegible]tendant prétend qu'il est d[illegible] droit, et qu'il n'a pas à répondre de la [illegible]heresse. Et savez-vo[illegible], monsieur, ce qui en résult[illegible] [illegible]e me[illegible] pratiques me quittent pour al[illegible] à Saint-A[illegible]uestre, et que je suis déjà à peu [illegible]s ruiné. — Eh bien! à votre place, j'irais chez le juge. »

Il ne répondit pas. Je fis le tour de la maison, et vins le retrouver devant sa porte. Je vis alors que sa femme et sa fille étaient assises sur le seuil. Elles m'invitèrent à entrer. Jeannic but un peu de lait. Je reparlai de nouveau du juge; mais la meunière n'était pas plus disposée que son mari à recourir à la justice. Elle ne me dit que ces mots : « Ce n'est pas la peine. » Je n'insistai pas, pensant qu'il y avait quelque terme arriéré, ou que, d'une façon ou d'une autre, le locataire se trouvait à la merci de l'intendant. Cet incident assombrit notre promenade, et Jeannic, fort préoccupé, et, à ce qu'il me parut, assez irrité, me demanda à plusieurs reprises, en retournant au bourg, si la loi ne pouvait rien contre ces maudites rigoles, la loi fondée sur la raison et la justice. « Vous-même, mon parrain, vous avez parlé du juge; c'est sans doute de M. Gaudin? — Oui, si c'est M. Gaudin qui est juge de paix. —Si c'est M. Gaudin! mais vous le connaissez, mon parrain. Il était au dîner à Kerdroguen, vous savez. C'est le grand ami de mon grand-père. Mon grand-père dit souvent qu'après vous il n'a pas de meilleur ami. » Ce propos, en me prouvant que M. Gaudin était un homme, me fit penser de plus en plus que le meunier n'était pas libre de s'adresser à lui. J'en parlai pourtant à Le Flô, dès que je le rencontrai venant au-devant de nous. « C'est justement l'heure de l'audience, me dit-il; si tu veux, nous allons pousser jusqu'au prétoire, et quand Gaudin aura fini ses affaires, nous le ramènerons dîner à la maison. »

Nous trouvâmes M. Gaudin et son greffier en train de tirer leurs robes; mais M. Gaudin ne put accepter l'invitation de Le Flô, parce qu'il avait un conseil de famille à présider. « Il s'agit, dit-il, d'un orphelin, et je ne suis pas trop content des dispositions des parents. Mais nous en causerons; je mangerai un morceau à la hâte après le conseil, et j'irai prendre le café avec toi et Le Breton. »

Il vint en effet, et dès qu'il eut fini avec les affaires courantes, je mis sur le tapis l'affaire du meunier. « Personne ne m'a parlé de cela, dit-il; ne vous en étonnez pas trop. Quand le barrage de Cadoudal s'est rompu, un fermier est resté dix jours sous l'eau, sans se douter que l'administration fût responsable et qu'il eût droit à une indemnité. Il faudrait décider votre homme à faire sa réclamation; je ne devine pas ce qui l'arrête, à moins que les rigoles ne soient aussi anciennes que son bail, ce qui n'est pas impossible. »

Quand le juge de paix se fut retiré, je demandai à Le Flô s'il expliquait la conduite du meunier par les motifs qu'avait supposés M. Gaudin. « Non, me dit-il d'un air préoccupé; je le connais pour un homme actif et intelligent. Il connaît ses droits et ses intérêts, et s'il n'avait pas de motifs très puissants, il aurait déjà pris ses mesures pour résister à l'intendant de M. de Saré. — Crois-tu, lui dis-je, qu'il ait des doutes sur l'intégrité de M. Gaudin? M. de Saré est un très gros propriétaire; il est député, il est influent... — Allons donc! me dit mon ami d'un ton bref et décidé. M. Gaudin est au-dessus de tout soupçon... Et pourtant, ajouta-t-il d'un air embarrassé, il y a un détail que tu ne sais pas. Gaudin avait fait la sottise d'acheter une charge de notaire beaucoup plus cher qu'elle ne valait. Il a été obligé de la revendre à perte après quelques années d'exercice. Il était venu vivre ici, et quoiqu'on y vive pour rien, c'est tout au plus s'il n'était pas dans la misère quand la place de juge de paix de notre canton devint vacante. M. de Saré, qui l'aime beaucoup et qui est un homme excellent, la demanda pour lui, à son insu, et l'obtint. Le pauvre Gaudin en pleura de joie. — Voilà, dis-je, qui serait embarrassant, si cette affaire de prise d'eau avait quelque intérêt pour un homme tel que M. de Saré. — Oh! sans doute; mais ce n'est pas la prise d'eau en elle-même; il est toujours ennuyeux d'être appelé en justice et d'y succomber. Cet intendant est violent et vindicatif; il aurait des procès tous les jours, s'il n'était parvenu à terrifier tous ceux qui ont affaire à lui. C'est, au fond, une affaire désagréable pour Gaudin. — Mon Dieu, mon ami, je trouve que tu exagères tout cela. Il n'y a jamais de difficulté à faire son devoir. Sans doute, M. Gaudin doit sa place à M. de Saré... — Il la lui doit deux fois, dit Le Flô. M. Gaudin, qui est très républicain, a été destitué après le 16 mai. On avait inventé contre lui de telles calomnies, qu'après la chute du ministre qui l'avait révoqué, le ministre nouveau refusa de le rétablir. M. de Saré qui se trouvait ici, c'est-à-dire à trois ou quatre lieues d'ici, dans son château de Keriennec, partit tout exprès pour Paris, vit le ministre, montra qu'il avait des réponses victorieuses sur tous les points, et emporta d'emblée la réintégration de notre ami dans ses fonctions. — Et que vas-tu faire? — La justice avant tout, me dit-il. Je suis sûr de Gaudin; je suis même sûr de M. de Saré, si l'on ne le trompe pas. J'irai demain à Pontécouvrant pour me rendre compte de ce qui a été fait. Viendras-tu avec moi? — Volontiers. »

Mais Julienne, à qui nous parlâmes de nos projets, ne fut pas de cet avis. « C'est moi, dit-elle, qui irai avec mon père. S'il y a un secret, la présence de mon parrain pourrait les empêcher de parler. » Je vis, à son retour, qu'elle avait eu parfaitement raison. « Il y a un peu de tout, me dit-elle, un peu de cette apahie du paysan breton, qui regarde la mauvaise fortune comme son lot naturel, un respect instinctif et héréditaire de la situation prépondérante « du seigneur », un sentiment très vif de la position de M. Gaudin, qui doit à M. de Saré tout ce qu'il est, et par-dessus tout, le secret que j'avais presque deviné, mon parrain, et qui leur fait, suivant moi, beaucoup d'honneur. C'est qu'ils sont encore plus les obligés de M. Gaudin que M. Gaudin n'est celui de leurs adversaires. Enfin, grand-père les a décidés. Fanchon (la meunière) voulait aller demander pardon à M. Gaudin de ce qu'allait faire son mari. — Non, a dit mon père, ce serait supposer qu'il lui en coûte de rendre la justice; mais je lui parlerai quand tout sera fini. Cette promesse les a beaucoup rassurés. — Je n'en serai pas quitte quand le procès sera jugé, a dit le meunier; j'aurai tous les jours des ennuis avec l'intendant. — Nous serons là, lui a dit mon père. » J'admirais comme tous les ressorts qui mettent en jeu les pauvres marionnettes humaines se trouvaient réunis dans cette petite cause, pour un si petit intérêt.

Je me sentais cependant légèrement ému, pendant que je me rendais au prétoire avec Jean Le Flô et son petit-fils, le jour où M. Gaudin devait juger le différend. A l'affluence inaccoutumée des assistants, je vis que tout le village prenait un intérêt passionné à ce qui allait se passer. M. de Saré était très aimé, mais on ne voyait que l'intendant, et puis « la cause des petits », qui remue toujours les masses. J'avais eu soin de mettre Jeannic au courant de tout. La conduite du meunier avait obtenu sa pleine approbation, au point de vue des sentiments. « Mais, dit-il, il se trompe lourdement s'il croit que M. Gaudin sera embarrassé. M. Gaudin se sacrifiera lui-même pour M. de Saré, s'il en trouve l'occasion, parce que c'est son devoir; mais la raison et la justice ne lui appartiennent pas; il n'est que leur serviteur, il ne peut les sacrifier à personne. » L'intendant se défendit avec habileté, il donna quelques raisons plausibles, d'autres qui ne valaient rien. Il prit plusieurs fois la parole, et la dernière fois il eut l'air de menacer le plaignant, et même le juge, ce qui lui valut sur-le-champ une réprimande sévère. Le jugement lui donna tort sans aucune réserve, et le condamna à des dommages-intérêts assez élevés. Il s'écria sur-le-champ avec emportement que la cause ainsi interprétée dépassait la compétence du juge, et qu'il allait interjeter appel.

L'audience étant levée, nous passâmes avec M. Gaudin dans son cabinet. Il était aussi tranquille que s'il avait eu à juger une cause ordinaire. Le Flô n'était pas homme à lui faire compliment pour avoir rempli son devoir. Il aperçut le meunier et sa famille qui rôdaient devant la porte; il les éloigna d'un geste énergique. Je signalais toutes ces circonstances à mon petit camarade, qui les comprenait à merveille. Je sus que Jean Le Flô avait écrit à M. de Saré, et que, grâce à lui, M. l'intendant fut obligé de rentrer ses griffes.

Jeannic, qui jusque-là n'avait jamais mis les pieds dans le prétoire, et pour qui la vue de ces deux hommes affublés de grandes robes noires et coiffés de bonnets carrés avait été un spectacle très extraordinaire, me poursuivit de ses questions pendant plusieurs jours. Il y en avait d'un peu enfantines. Les autres étaient dignes de cet esprit d'observation dont il me donnait journellement des preuves.

Il voulut d'abord savoir si le greffier délibérait avec le juge.

« Non; le greffier n'est là que pour faire les écritures. Le juge de paix rend tout seul ses jugements, sans consulter personne. »

Il me demanda si le juge de paix jugeait toutes les contestations.

« Il juge en dernier ressort celles qui ne dépassent pas 100 francs, et, à charge d'appel, tantôt jusqu'à 200 francs, tantôt jusqu'à 1500, et tantôt sans limitation, suivant les cas définis par les lois. Il juge aussi les contestations relatives aux salaires d'ouvriers, aux bornages des propriétés, aux dommages causés aux champs ou aux récoltes, aux réclamations des domestiques. Quand il s'agit d'intérêts plus élevés, la décision appartient au tribunal de première instance, qui siège au chef-lieu d'arrondissement. Mais, avant d'aller devant le tribunal, les parties comparaissent devant le juge de paix, qui entend leurs explications et parvient quelquefois à les concilier et à empêcher le procès. Il est à la fois un juge pour les petites affaires, et un conciliateur pour les grandes. »

Jeannic avait entendu M. Gaudin, à notre première visite, parler d'un conseil de famille qu'il devait présider. Il voulut savoir ce que c'était, et pourquoi M. Gaudin y assistait.

« Le conseil de famille est une réunion des plus proches parents qui s'assemblent aux termes de la loi, soit pour examiner les actes du tuteur, soit même, dans certains cas, pour en nommer un, soit pour donner leur avis sur la conduite d'un citoyen majeur et maître de ses actions, mais qui, à raison de la façon désordonnée dont il emploie sa fortune, paraît devoir être mis sous l'autorité d'une autre sorte de tuteur, qui est alors désigné sous le nom de conseil judiciaire. Comme les parents, ainsi réunis, pourraient ne pas connaître la loi, ou comme ils pourraient avoir des intérêts contraires à ceux du mineur, le juge de paix préside le conseil, et il y remplit, en quelque sorte, le rôle d'un père.

— Le juge de paix a-t-il encore d'autres attributions?

— Certainement, il prononce des amendes en matière de simple police : cris et tapage nocturnes, conduite scandaleuse dans des lieux publics, contravention aux règlements municipaux sur le balayage des rues, la fermeture des cabarets, etc. Au décès des personnes qui laissent une succession, il pose les scellés sur leurs papiers et leurs effets, pour que rien ne puisse être détourné avant l'inventaire légal; en cas de crime ou délit, il procède aux premiers interrogatoires en l'absence du juge d'instruction et du procureur de la république.

— Qu'appelle-t-on poser les scellés?

— Les scellés sont une simple bande de papier posée sur un objet et scellée avec de la cire, portant le cachet du juge. Rompre les scellés est un crime sévèrement puni par la loi. Après l'apposition des scellés, le juge nomme un gardien qui en est responsable jusqu'au moment où ils sont levés régulièrement.

— Il me semble, mon parrain, que le juge de paix exerce des attributions très importantes et très diverses, que la loi s'en repose sur son bon sens et son esprit de justice, dans certains cas où elle ne saurait prévoir tous les détails, et qu'un pays est bien heureux quand il a un bon juge de paix. Y en a-t-il un dans toutes les communes?

— Non, mon ami; il y a seulement un juge de paix par canton. Tu vois que les affaires de Bignan, de Plumelec et de Saint-Allouestre viennent se juger ici, comme celles de Saint-Jean-Brévelay, qui est le chef-lieu de canton.

— Et quand le juge de paix est négligent ou malhonnête, que fait-on, mon parrain?

— D'abord, mon ami, la plupart des juges de paix remplissent fidèlement leur devoir; mais si l'on a eu le malheur de nommer un mauvais juge, on n'a pas d'autre ressource que de le révoquer.

— Et qui est-ce qui le révoque?

— C'est le ministre de la justice, d'après les renseignements qu'il reçoit. Il peut aussi, sans aller jusqu'à la révocation, le placer dans un canton moins difficile.

— Que voulait dire l'intendant par ces mots : J'interjetterai appel?

— Le juge de paix décide souverainement, c'est-à-dire sans appel, les affaires de simple police et les différends qui ne dépassent pas le chiffre de 100 francs. Au delà de ce chiffre, on peut en appeler de ses décisions au tribunal de première instance, qui les confirme ou les réforme.

— Où est-il, ce tribunal?

— Pour vous, il est à Ploërmel. Il y en a un dans chaque arrondissement.

— Et qu'est-ce qu'un tribunal de première instance? Est-ce aussi un juge de paix?

— Non, le titre de juge de paix est réservé au magistrat cantonal dont je t'ai dit les attributions. Les membres des tribunaux de première instance ne portent que le nom de juges. Ils n'ont pas les mêmes fonctions que les juges de paix pour la conciliation des parties, la présidence des conseils de famille, l'apposition des scellés, etc. Un seul d'entre eux, qu'on appelle le juge d'instruction, procède aux informations judiciaires. Ils tiennent, comme les juges de paix, des audiences publiques où ils décident sur toutes les contestations entre particuliers, quelle qu'en soit l'importance. Ils constatent les contraventions à la loi et les délits, et appliquent, quand il y a lieu, la peine de l'amende et celle de l'emprisonnement. Ils sont toujours trois à chaque audience, le président et deux assesseurs, et ces trois membres délibèrent entre eux avant de rendre leur jugement. Le tribunal est par conséquent composé de plusieurs juges, dont l'un a le titre de président, et un autre le titre de juge d'instruction. Quand le nombre des affaires exige qu'il y ait un grand nombre de juges, l'un d'eux porte le titre de vice-président. A Paris, le tribunal de première instance, au lieu de s'appeler tribunal de Paris, s'appelle tribunal de la Seine. Il est divisé en plusieurs chambres, qui ont chacune à leur tête un vice-président du tribunal.

» Les juges des tribunaux de première instance et les juges supérieurs dont je te parlerai tout à l'heure, sont inamovibles, c'est-à-dire qu'une fois nommés ils ne peuvent plus être révoqués. On pense que cette inamovibilité, qui les fait pour ainsi dire propriétaires de leur charge, les rend indépendants à l'égard du gouvernement et de toutes les influences, de telle sorte que, personne ne pouvant rien sur eux ou contre eux, ils ne se déterminent jamais que par des raisons de justice.

— Est-ce que c'est bien grand, mon parrain, un arrondissement?

— Les arrondissements sont fort inégaux en étendue et en population. On a suivi, pour diviser la

France en départements et les départements en arrondissements, des règles assez arbitraires et assez diverses ; il en est de même pour les cantons et les communes. Le tribunal de Ploërmel ne juge pas dans l'année un très grand nombre d'affaires ; mais pense à ce que doit être un tribunal comme celui de Lyon, puisque la ville où il siège compte, à elle seule, près de 400 000 habitants ; ou le tribunal de la Seine, dont les justiciables se comptent par millions.

— M. Gaudin connaît tous les habitants de Saint-Jean-Brévelay, et pour les trois autres communes du canton, il y connaît assez de gens bien placés pour être bien vite renseigné sur les personnes qui s'adressent à lui, ou qui comparaissent à son tribunal. Mais comment peuvent faire les juges de Paris et de Lyon, ou même ceux de Ploërmel ? Ils ne savent même pas s'ils ont affaire à d'honnêtes gens ou à des coquins.

— Mon cher ami, avant l'audience publique, on fait beaucoup de recherches et d'études au sujet de chaque affaire. On entend les parties, les témoins ; on examine les pièces du procès. C'est ce qui s'appelle l'instruction. L'instruction est faite par un des membres du tribunal, qui porte le nom de juge d'instruction. Il y a aussi à côté du tribunal un collège de magistrats qui ne participent pas au jugement, mais qui le préparent, qui donnent leur avis au tribunal à l'audience, et qui veillent à ce que la loi soit toujours observée. Ces magistrats ne sont pas inamovibles. Leur chef s'appelle le procureur de la république; les autres, dont le nombre varie selon l'importance du tribunal, sont ses substituts, quelque chose comme ses lieutenants; on les appelle substituts du procureur de la république. Quand un délit de quelque gravité se commet, le procureur de la république se rend sur les lieux et procède à une enquête. Le procureur de la république et ses substituts réunis s'appellent le parquet. On dit : le parquet du tribunal de Ploërmel. Le chef du parquet ou procureur de la république vient immédiatement, dans l'ordre des préséances, après le président. Ce sont les deux chefs du tribunal. Ils fournissent, chacun de leur côté, à l'autorité supérieure, des notes sur les juges de paix du ressort, sur les membres du tribunal et ceux du parquet. Ces notes sont toujours consultées quand on veut changer un magistrat de résidence, ou lui donner de l'avancement.

— Mon parrain, est-ce qu'on peut appeler du jugement d'un tribunal, comme on appelle de ceux de M. Gaudin?

— Oui, mon ami. Il y a en France vingt-six grandes cours d'appel, sans compter la cour d'appel de l'Algérie, dont les juges s'appellent conseillers, et qui sont divisées en plusieurs chambres, ayant chacune à sa tête un président de chambre, qui est comme un vice-président de la cour. Le président de la cour entière porte le nom de premier président. Les cours ont à côté d'elles un parquet dont le chef porte le nom de procureur général; ses aides ou lieutenants, qui composent le parquet de la cour avec lui, s'appellent des avocats généraux. Tous ces magistrats portent une robe rouge, au lieu de la robe noire que tu as vue à M. Gaudin. Ils jugent les appels en matière civile et en matière correctionnelle. Leurs jugements sont souverains, c'est-à-dire sans appel, et c'est pour cela que les cours d'appel elles-mêmes prennent le nom de cours souveraines.

— Et alors, mon parrain, quand la cour souveraine a jugé, tout est fini? On ne peut pas aller plus loin.

— Il y a encore une forme d'appel que l'on nomme un pourvoi, mais qui ne porte plus sur le fond du procès. Le pourvoi ne peut être fondé que sur une fausse application de la loi, ou sur l'omission d'une des formalités que la loi prescrit dans l'intérêt de l'administration de la justice. Les pourvois sont jugés par une cour unique, qui siège à Paris, et qu'on appelle la cour de cassation.

— Vous m'avez parlé, mon parrain, de contraventions et de délits. Un délit est-il la même chose qu'un crime?

— Non, mon ami; mais il n'y a entre le délit et le crime qu'une différence de degré. L'un et l'autre sont des attentats contre les propriétés ou les personnes; mais l'attentat à la propriété, qui est un simple délit, devient un crime, quand le détournement est accompagné de certaines circonstances de temps, de lieux et de personnes soigneusement définies par la loi. De même, un coup de poing ou un coup de pied, ou un coup de bâton donné, sans qu'il en résulte une incapacité de travail de plus de vingt jours, est une affaire de police correctionnelle, un simple délit. S'il y a incapacité de travail, danger pour la vie, c'est un crime. Les délits ne sont jamais punis que par l'amende ou l'emprisonnement. Les crimes sont punis par la réclusion, la transportation dans une colonie pénale, le bannissement, la déportation, et par la mort. Ces peines sont à la fois afflictives et infamantes, tandis que l'amende et l'emprisonnement n'ont pas le caractère infamant. Les crimes ne sont punis, et les peines infamantes ne sont prononcées, ni par les tribunaux de première instance, ni par les cours d'appel. Il existe pour cela une juridiction spéciale, qu'on appelle la cour d'assises. Mais puisqu'il s'agit à présent des voleurs de qualité, et de MM. les assassins, ne penses-tu pas que nous pourrions remettre la conversation à un autre jour?

— Comme vous voudrez, mon parrain. »

XII

LA COUR D'ASSISES

« Est-il vrai, mon parrain, que vous avez comparu comme témoin devant la cour d'assises de Vannes?

— Oui, mon ami.

— Et que les trois accusés étaient vos camarades?

— Et mes amis. Ton grand-père les connaissait bien. Il y a quarante-sept ou quarante-huit ans de cela.

— C'était pour une affaire de chouannerie?

— Non, pas de chouannerie. Il n'y a pas eu, à proprement parler, de chouannerie après 1830; mais c'était une affaire politique; une bien triste affaire, dont le procès de mes amis n'était qu'un épisode.

— On dit ici que c'était de la chouannerie; que vos

trois amis étaient des carlistes; que vous étiez déjà républicain dans ce temps-là, comme votre père l'était avant vous; qu'ils ont été condamnés à mort tous les trois, malgré leur innocence, et que, sans vous, ils auraient été exécutés.

— Sans moi! m'écriai-je, au comble de l'étonnement. Qui peut vous raconter de pareilles folies? C'est la femme d'un des condamnés qui entreprit de trouver des témoins pour établir leur innocence. Elle avait un peu de temps devant elle, parce que l'arrêt avait été cassé, et l'affaire renvoyée devant une autre cour. Les dépositions avaient été si nombreuses et si concordantes dans le premier procès, qu'excepté elle et moi, tout le monde croyait que les condamnés étaient coupables. La pauvre femme venait d'enterrer le père et la mère de son mari, qui étaient morts de vieillesse et de chagrin; son mari et les deux frères de son mari étaient menacés d'une mort affreuse; tous ceux qu'elle consulta la détournèrent de son entreprise et la supplièrent de ne songer qu'à un recours en grâce; enfin, elle ne possédait rien au monde, pas même le pain de la journée. Et cependant, elle partit dans ces conditions pour aller chercher les réfractaires, comme on les appelait, ou les chouans, si tu veux, dans les repaires où ils se cachaient, persuadée qu'elle leur arracherait les preuves de l'innocence de son mari. Elle en trouva plusieurs qui la repoussèrent avec dureté. Une fois même, dans les ruines de Loc-Maria, ils menacèrent de tirer sur elle. Ni leurs violences, ni leurs menaces, ni la malveillance très manifeste de ses anciens amis, des gens qui auraient dû l'aider et la secourir, mais qui, étant secrètement dévoués aux réfractaires, craignaient que ses démarches ne les fissent découvrir, ni l'affreux dénuement où elle était, puisqu'elle m'avoua qu'elle avait été une fois tout un jour sans prendre aucune nourriture, ni la fatigue accablante de tant de courses, répétées chaque jour, dans des pays dangereux et sauvages, rien ne put la décourager; elle serait morte à la peine. Elle trouva ce qu'elle cherchait, presque à la dernière heure. Elle arracha trois victimes à la mort; c'est un dévouement bien ignoré, mon cher enfant, mais je ne crois pas qu'il y en eut jamais de plus sublime.

— Françoise Nayl! Mon parrain, son dévouement n'est pas ignoré. C'est l'histoire qu'on répète ici le plus souvent.

— Le monde est grand, mon enfant. Il n'est pas étonnant qu'on parle des Nayl à Saint-Jean-Brévelay, puisqu'ils y sont nés, et que leur héroïque sœur y est morte. Mais je crois que tu voulais me demander des renseignements sur les cours d'assises?

— Oui, mais la cour d'assises m'a fait penser aux trois innocents condamnés à mort. Il faut qu'elle soit bien mal composée, la cour d'assises, pour qu'on y commette de pareilles erreurs?

— Il n'y a rien au monde de plus lamentable, ni de plus horrible qu'une erreur judiciaire. C'est le devoir du législateur de s'efforcer, en perfectionnant les formes de la justice, de rendre ces erreurs impossibles; et c'est le devoir de tous les citoyens que leur profession, ou la volonté de la loi, ou les circonstances font intervenir à un titre quelconque dans un procès, et surtout dans un procès où il y va de la vie et de l'honneur, de veiller avec le dernier scrupule sur leurs actes, leurs paroles, et je dirai même sur leurs sensations, car, outre l'accusé, la société elle-même, l'édifice complet de la société humaine est en jeu dans ces drames redoutables. Mais garde-toi, mon cher Jeannic, de penser que les erreurs judiciaires soient fréquentes. Elles sont très rares, au contraire, infiniment rares; je dirai même qu'elles sont sinon impossibles (malheureusement, elles ne le sont pas), au moins presque impossibles. Pour certains esprits, pour le mien, mon enfant, il suffit de la possibilité d'une erreur judiciaire pour supprimer la peine de mort. Tu n'es pas en âge de discuter sur les conditions et les principes de la pénalité. Je me borne à te dire sur ce point qu'autrefois, avant la révolution, les pénalités étaient atroces. La mort elle-même se donnait de diverses façons, avec des redoublements d'horreur pour certains crimes. Le progrès de l'esprit humain a supprimé la torture depuis un siècle; et cependant j'ai vu encore de mes yeux appliquer la peine du carcan, celle de la marque avec un fer rouge; on a renoncé à ces spectacles dégoûtants et sanglants, sans que le nombre des crimes se soit accru, ce qui prouve bien que ce n'est pas sur l'atrocité de la peine, mais sur la certitude de la répression, que la sécurité sociale se fonde. Tu réfléchiras à cela quand tu connaîtras mieux, par l'expérience et la réflexion, les passions de l'âme humaine. Ce que je te recommande dès à présent, c'est d'éviter l'esprit de système et d'exagération. Tu entendras parler d'erreurs judiciaires : il y en a sans doute ; mais en matière criminelle l'erreur consiste presque toujours à absoudre un criminel, presque jamais à condamner un innocent. La révolution française nous a donné un code de procédure criminelle qui n'est pas parfait, parce que rien d'humain ne peut être parfait, mais qui multiplie les garanties, et qui, comparé à la pratique de nos anciens tribunaux, est véritablement admirable. Tu vois fonctionner ici, sous tes yeux, l'institution paternelle de la justice de paix. Je t'ai montré comment procèdent les tribunaux de première instance, avec leurs instructions soigneusement faites, leurs audiences publiques, le concours des parquets, le droit d'appel, le recours en cassation. J'aurais dû insister davantage sur la publicité des audiences, qui rend les abus impossibles, sur le rôle des avocats, qui, en même temps qu'ils défendent leurs clients, veillent, par conscience et par devoir professionnel, à l'exacte observation de toutes les prescriptions de la loi. On a multiplié et perfectionné en quelque sorte ces garanties dans l'organisation des cours d'assises, parce que les condamnations qu'elles prononcent sont plus terribles.

» Au moment où s'ouvre la session, toutes les affaires qui doivent y être portées ont été étudiées à fond par le juge d'instruction et le procureur de la république du tribunal de première instance. Les dossiers de l'instruction sont communiqués au président des assises, qui fait comparaître les prévenus dans son cabinet. L'avocat, de son côté, s'est livré à toutes les recherches qu'il a crues nécessaires. Tout le monde arrive bien préparé à l'audience publique.

» La cour proprement dite est composée de trois juges : un conseiller de la cour d'appel du ressort désigné par ordonnance du premier président de la cour, pour chaque session. Ce conseiller préside la cour d'assises et en dirige toutes les opérations. Il a pour assesseurs deux autres conseillers pour les assises qui se tiennent au chef-lieu de la cour, et partout ailleurs deux juges du tribunal de première instance. C'est le président qui donne ou retire la parole, qui interroge l'accusé et les témoins ; il prononce, avec ses assesseurs, sur les incidents qui peuvent se produire, et quand la culpabilité est établie, il délibère avec eux sur l'application de la loi, et prononce publiquement l'arrêt qu'ils ont délibéré en commun.

» Mais ce n'est pas la cour qui statue sur la culpabilité de l'accusé : c'est le jury.

» Tous les citoyens domiciliés dans le département,

âgés de trente ans au moins, qui ne sont pas exemptés à raison de leurs fonctions, et qui n'ont pas subi de condamnations emportant déchéance des droits civils, ou de famille, peuvent faire partie de la liste générale du jury. Une commission cantonale présidée par le juge de paix, et composée des maires et des suppléants du juge de paix, dresse, pour chaque canton, une liste préparatoire contenant un nombre de noms double de celui qui a été fixé pour le contingent du canton. Toutes les listes préparatoires des cantons d'un arrondissement sont ramenées au chiffre nécessaire par une commission composée des juges de paix et des conseillers généraux, sous la présidence du président du tribunal civil. Cette commission peut inscrire sur sa liste des noms omis sur les listes préparatoires. Il y a, en outre, une liste de cinquante jurés supplémentaires, pris parmi les habitants de la ville où doivent se tenir les assises. C'est par ce moyen assez compliqué que se forme la liste annuelle du jury pour chaque département. Dix jours au moins avant l'ouverture des assises, le président tire au sort, en audience publique, trente-six noms sur la liste annuelle, et quatre noms sur la liste spéciale des jurés supplémentaires. Ces quarante membres forment le jury de la session. Ils ne siègent pas dans toutes les affaires. On tire au sort pour chaque affaire, sur la liste annuelle, douze jurés qui forment le jury de jugement. L'accusé et le ministère public sont présents et peuvent récuser tel ou tel juré, sans jamais dire leur motif. Le juré récusé est remplacé aussitôt par le sort. Le droit de récusation s'arrête quand il n'y a plus dans l'urne que douze noms.

« Voilà bien des précautions pour s'assurer de l'impartialité des jurés. On ne saurait trop en prendre. Quand les débats doivent être longs, le président fait tirer au sort des jurés supplémentaires. Le jury de l'affaire une fois constitué, il prend place sur les bancs qui lui sont réservés, et l'affaire s'engage.

» Le président interroge d'abord l'accusé pour constater son identité; puis il fait lire par le greffier l'acte d'accusation qui a été dressé par le parquet au nom du procureur général. Après cette lecture, le président interroge l'accusé, et fait comparaître les témoins.

» Le témoin introduit prête serment de parler sans haine et sans crainte, de dire toute la vérité et rien que la vérité. Il dit ensuite tout ce qu'il connaît des faits de la cause, et répond aux questions qu'on lui adresse. L'avocat de l'accusé prend part à l'interrogatoire. Il y a des témoins appelés par le parquet : ce sont les témoins à charge; l'accusé peut aussi faire appeler des témoins, qu'on appelle témoins à décharge; mais, témoins à charge ou à décharge, tous sont tenus de répondre à toutes les questions qui leur sont faites. Les peines contre le crime de faux témoignage sont terribles. Elles peuvent être appliquées sur l'heure. Le président peut, quand il le croit utile, avertir le témoin des pénalités qu'il encourt, ou même lui donner lecture du texte de la loi.

» Outre les témoins, on entend aussi quelquefois des experts, particulièrement quand il s'agit des crimes de faux ou d'empoisonnement. Les experts sont entendus dans les mêmes conditions que les témoins et prêtent le même serment.

» Après la clôture des débats, prononcée par le président, le ministère public a la parole pour soutenir l'accusation. Il reprend alors, avec de nouveaux développements, l'acte d'accusation. S'il arrivait que les débats eussent modifié son opinion sur la culpabilité de l'accusé, il le dirait à la cour. Il représente la loi, et, par conséquent, son premier devoir est d'être impartial et sincère. Immédiatement après son discours, qui porte le nom de réquisitoire, vient la plaidoirie de l'avocat, ou la défense. Il peut y avoir une réponse du ministère public, une réplique de l'avocat. Le président permet tout ce qui lui paraît contribuer à faire la lumière. Enfin, il prononce la clôture, et il résume lui-même, avec impartialité, tout ce qui a été dit pour et contre l'accusé.

» Le résumé du président étant terminé, le jury se retire dans la salle de ses délibérations. L'accusé est emmené hors de la salle d'audience

» Le jury délibère uniquement sur le fait de la culpabilité. Le président lui a remis une ou plusieurs questions, résultant des débats, sur lesquelles il doit se prononcer par oui ou par non. Soit que le président ait ou n'ait pas posé la question des circonstances atténuantes comme résultant des débats, le jury peut toujours l'introduire. L'admission des circonstances atténuantes a pour conséquence que la cour abaisse nécessairement la peine d'un degré et peut l'abaisser de deux.

» Quand le jury a fini ses délibérations, il en avertit par un coup de sonnette. Aussitôt l'audience est reprise; l'accusé est ramené à son banc, et le chef du jury prononce le verdict en ces termes : Sur la première question, l'accusé est-il coupable d'avoir tel jour, etc.? Oui, l'accusé est coupable; ou bien : Non l'accusé n'est pas coupable.

» Si le jury a répondu non sur toutes les questions, l'affaire est terminée. Le président prononce la mise en liberté de l'accusé, qui ne peut plus être poursuivi pour la même cause.

» Si, au contraire, la culpabilité a été reconnue, le ministère public se lève aussitôt pour réclamer, aux termes de la loi, l'application de la peine. Quoique la loi pénale soit très précise, elle ne peut pas prononcer sur toutes les espèces possibles avec une rigueur mathématique, et la cour a toujours une certaine marge pour la sévérité ou l'indulgence, ne fût-ce que pour la fixation de la durée de la peine. Je t'ai déjà dit que, quand le jury a reconnu des circonstances atténuantes en faveur de l'accusé, elle est tenue d'abaisser la peine d'un degré; par conséquent, la peine de mort n'est jamais prononcée dans ces conditions.

» L'avocat répond au ministère public. L'accusé peut toujours prendre la parole, s'il le désire. Enfin, la cour se retire pour rédiger son arrêt. Le président le prononce, assis et couvert, et le condamné est aussitôt emmené par les gardes. Il a trois jours pour se pourvoir en cassation. »

Mon ami Jeannic avait écouté tout cela avec une curiosité mêlée en quelque sorte d'effroi.

Je renonçai à lui parler des juges élus qui décident des contestations entre commerçants. Il ne m'aurait pas écouté. Hommes ou enfants, tout ce qui est tragédie a toujours une grande emprise sur nous. Je le laissai s'embrouiller un peu dans ses théories. Je n'avais voulu que lui donner quelques idées très générales sur le fonctionnement de la justice dans notre pays.

XIII

LES ÉLECTIONS

« Après tout, mon parrain, nous sommes sortis de Saint-Jean-Brévelay sans y penser. Nous avons bien ici un juge de paix, mais nous n'avons ni tribunal de première instance, ni cour d'appel, et la cour de cassation est à Paris. Je voudrais bien à présent connaître les chefs qui donnent des ordres au maire, au percepteur, aux officiers, au maître d'école et à tous les autres, car tous ces fonctionnaires de l'État ou de la commune ont nécessairement des chefs et des supérieurs, comme le juge de paix; et je voudrais savoir aussi comment et par qui ils sont nommés aux emplois qu'ils occupent.

— Je vais le dire, mon cher enfant. La première distinction à faire est très importante : c'est que parmi les magistrats et les fonctionnaires dont tu viens de parler, il y en a qui sont élus, et d'autres qui sont nommés.

— Mais d'abord, mon parrain, qu'appelez-vous magistrats?

— J'appelle magistrats tous les titulaires de fonctions civiles qui donnent des ordres, ou prennent des arrêtés, ou rendent des décisions auxquelles les citoyens doivent se soumettre. Le maire est un magistrat; le juge de paix est un magistrat. Le percepteur et les autres receveurs de finances sont seulement des fonctionnaires publics. Il en est de même d'un ingénieur, parce qu'il ne donne pas d'ordre aux citoyens, en tant que citoyens; il ne commande qu'à ses ouvriers.

» Je disais donc que parmi les magistrats et les fonctionnaires dont je t'ai fait connaître les attributions, il y en a qui sont élus par les citoyens, et d'autres qui sont nommés par l'autorité supérieure.

» Le maire et ses adjoints sont élus par les conseillers municipaux dans les communes ordinaires. Dans les communes qui sont chefs-lieux de canton, ils sont nommés par le chef de l'Etat; mais ils ne peuvent être pris que parmi les membres du conseil municipal. Or, les conseillers municipaux étant élus, il en résulte que, même dans les chefs-lieux de canton, les maires sortent de l'élection. On peut dire que les électeurs de la commune, en nommant un conseiller municipal, nomment en même temps un candidat aux fonctions de maire ou d'adjoint.

— Et les conseillers municipaux sont-ils des fonctionnaires publics?

— Pas du tout. Ils n'ont aucun ordre à donner en vertu d'une autorité qui leur soit propre. Ils font seulement partie d'un conseil, dont les décisions sont exécutées par le maire et ses adjoints. Il n'est pas même correct d'appeler le maire et ses adjoints des fonctionnaires publics; car cette qualification doit être réservée à ceux qui exercent un emploi rétribué, auquel on est nommé par l'autorité supérieure. Le maire et ses adjoints sont plutôt des *magistrats*, parce qu'ils exercent une autorité. Le juge de paix, qui est nommé et salarié, et qui en même temps exerce une autorité, est à la fois un *magistrat* et un *fonctionnaire public*.

— Mon parrain, je comprends bien que les habitants se réunissent pour élire les conseillers municipaux, et qu'après les avoir élus, ils se soumettent à leurs décisions, puisque précisément ils les ont choisis pour cela. Je comprends bien aussi que le juge exerce son autorité en vertu d'une nomination faite par une autorité supérieure; et cette autorité supérieure peut aussi avoir *été nommée* par une autorité encore plus élevée. Mais il faut qu'il y ait quelqu'un qui soit la première autorité, et qui institue toutes les autres; et celui-là, mon parrain, je voudrais savoir d'où lui vient le pouvoir dont il jouit, et pourquoi on est obligé de lui obéir.

— Veux-tu, mon enfant, que je te dise d'abord comment on entendait cela avant la révolution?

—Comme vous voudrez, mon parrain; je suis surtout pressé de savoir comment on l'entend à présent.

— A la bonne heure; mais il peut être utile de faire la comparaison. Et pour commencer, tu sais sans doute ce qu'on appelle la révolution française? »

Jeannic, récitant : « C'est la révolution de 1789, qui a eu pour but et pour effet de remplacer le privilège par le droit, et la loi arbitraire par la loi fondée sur la raison et la justice. »

— Avant 1789, la France était une monarchie héréditaire. On disait que le roi était maître de la nation, par la grâce de Dieu. Il faisait la loi, la justice était rendue en son nom, et quelquefois avec son intervention très directe; il disposait arbitrairement de la liberté des citoyens, il donnait les rangs, les dignités et tous les emplois; enfin, il frappait les impôts.

— C'est-à-dire qu'il était maître et souverain absolu. Cela, mon parrain, c'est le despotisme.

— Certainement, et un despotisme d'autant plus lourd, qu'il y avait au-dessous de lui une classe de privilégiés, qui ne lui était pas moins soumise que le reste de la nation, mais qui exerçait sur les paysans un pouvoir plus vexatoire, sinon aussi étendu, que le pouvoir royal. De sorte que les sujets ou vassaux avaient, tout près d'eux, un maître insupportable, et bien loin d'eux, un maître tout-puissant, qui ne les connaissait pas.

— Tout cela, mon parrain, est bien contraire à la raison et à la justice!

— Assurément. Il y avait cependant des atténuations considérables dans les mœurs, et dans certaines institutions que leur durée séculaire avait rendues extrêmement respectables et puissantes.

» Les nobles avaient perdu leurs droits les plus oppressifs. Quelques-uns de ces droits avaient été expressément abolis par les rois; d'autres subsistaient en théorie et n'étaient plus exercés dans la pratique. Entre autres abus, les nobles ou seigneurs exerçaient autrefois droit de justice sur leurs sujets ou vassaux. Cette justice seigneuriale n'avait d'autre règle que la tradition, et d'autre contrôle que l'intervention rare et irrégulière du pouvoir royal. Les rois substituèrent peu à peu leur justice à celle des seigneurs, et malgré la barbarie des lois, la confusion des juridictions et les formes peu rassurantes de la procédure, ce fut un grand adoucissement pour la population des campagnes. Les villes s'étaient peu à peu émancipées du joug des seigneurs. Elles jouissaient à leur tour de quelques privilèges, sous le nom de franchises municipales. Ces franchises n'allaient pas bien loin. Les villes n'en étaient pas moins gouvernées, et trop souvent rançonnées par des officiers du roi, et jugées par des magistrats royaux qui les traitaient rudement; mais enfin, ces officiers dépendaient des intendants et des gouverneurs; ces juges étaient soumis aux parlements. A mesure que la société se polissait, les grandes places de l'administration et de la magistrature étaient remplies par des hommes éclairés et honorables, ayant au moins le désir d'être justes. Outre leurs fonctions judiciaires, les parlements avaient ou s'attribuaient des fonctions politiques, dont voici l'origine. On regardait les impôts comme une sorte de redevance que la nation payait au roi, lequel, en échange de ces subsides, se chargeait de la défendre contre ses ennemis, et de lui assurer l'ordre et la paix à l'intérieur; et par suite de cette idée parfaitement juste, on pensait qu'aucun impôt ne pouvait être perçu, s'il n'avait été consenti par les députés des trois ordres. Ces trois ordres étaient le clergé, la noblesse et le tiers état. Le tiers état n'englobait pas, comme tu pourrais le croire, tous les Français qui n'étaient ni nobles, ni prêtres. Pour concourir à l'élection des députés du tiers, il fallait au moins être libre, appartenir à la bourgeoisie. Quand les députés des trois ordres étaient réunis, on les appelait les états, ou les états généraux; ils votaient les impôts et délibéraient même sur les affaires publiques. Par malheur, il n'y avait pas d'époque fixée pour leur réunion; le roi les réunissait quand il voulait, et dès qu'il se sentit assez fort pour frapper des impôts sans leur concours, il cessa absolument de les réunir. On put dire alors que tous les citoyens étaient, corps et biens, à sa merci; car il pouvait emprisonner ses sujets sans aucune forme de jugement, et les faire condamner par commissaires à la mort et à la confiscation de leurs biens. Les parlements, et surtout le parlement de Paris, entreprirent de se considérer comme représentant la nation, en l'absence des états : prétention qui ne fut jamais ni clairement définie, ni généralement acceptée. L'usage s'était pourtant établi qu'aucun édit du roi n'était exécutoire qu'après avoir été enregistré au parlement de Paris, qui se qualifiait de cour des pairs, parce que les pairs de France y siégeaient dans quelques occasions solennelles. Ce droit d'enregistrer impliquait pour le parlement celui de discuter la plupart des actes de la royauté; c'était certainement un frein au pouvoir absolu. Quand le parlement trouvait un édit trop exorbitant, il refusait de l'enregistrer, et faisait au roi des remontrances ou même d'itératives remontrances. Le roi reculait quelquefois. Le public était presque toujours de l'avis du parlement; et la lutte prenait assez naturellement l'aspect d'une lutte entre le roi et la nation, entre le despotisme et la liberté. Mais le roi avait pour lui la force. Il pouvait se rendre de sa personne au parlement et y tenir ce qu'on appelait un lit de justice : sa seule présence arrêtait toute opposition; on n'avait pas même le droit de parler devant lui. S'il y avait inconvénient à tenir un lit de justice, le roi exilait le parlement, le suspendait, le remplaçait, le destituait. Il mettait en prison les plus courageux parmi les opposants, et il achetait les autres. En un mot, jusqu'à l'époque de la révolution, le despotisme était la règle, et ce qu'on avait de liberté, on le devait à l'esprit de justice qui était absent des institutions, mais qui animait les personnes. »

Je vis clairement que Jeannic ne m'avait pas suivi dans mon résumé de la situation politique et administrative de la France sous l'ancien régime. Il savait d'ailleurs, depuis longtemps, qu'on vivait alors sous le régime du bon plaisir et du pouvoir absolu. Les leçons de Jean Le Flô sur ce sujet n'avaient rien laissé à faire aux miennes.

Mais où mon petit homme montra qu'il avait déjà de la suite dans les idées, c'est quand il me posa d'un air paisible la petite question que voici :

« Et d'où venait au roi sa toute-puissance?

— Si l'on avait adressé cette question à la nation française au commencement du règne de Louis XVI, la nation française, à l'exception des philosophes en petit nombre qui se préparaient à faire la révolution, aurait répondu : « La toute-puissance du roi lui vient de Dieu. »

» On trouvait cette réponse dans les livres, dans les catéchismes, dans les déclarations des parlements, dans celles du roi. Le roi s'intitulait roi de France, non pas roi des Français, pour signifier qu'il n'était pas seulement le chef des hommes, mais le souverain de la terre. Il se disait roi par la grâce de Dieu, pour bien montrer que son droit était indiscutable, qu'il venait du ciel. C'était, disait-on en chœur, un droit divin. L'Eglise, au début de chaque règne, sacrait le roi, ce qui faisait de lui quelque chose de plus qu'un homme : un délégué de Dieu pour dicter des lois à la nation. Quelquefois on faisait de vagues allusions à une acclamation du peuple qui, dans des temps très reculés, s'était volontairement soumis, et pour jamais, à la domination d'une famille royale. On invoquait aussi, sans plus de précision et de clarté, le droit de la conquête. Le roi et ses nobles exerçaient, disait-on, le droit de conquête sur leurs sujets et leurs vassaux. Mais ce qui revenait le plus souvent, c'était l'antique et séculaire possession de la couronne. Le droit divin se perdait dans la nuit des temps. Quand l'Assemblée nationale déclara que Louis XVI était roi des Français par la volonté nationale, au lieu de dire, comme on l'avait fait jusqu'alors, qu'il était roi de France par la grâce de Dieu, cette simple phrase mit fin à la théorie mystique du droit divin, et la remplaça par le dogme bien autrement intelligible et puissant de la volonté nationale. Me comprends-tu, mon ami ? »

Jeannic, après quelque hésitation : « Je crois comprendre qu'autrefois le roi était le maître de la nation, et qu'à présent c'est la volonté de la nation qui est l'unique source de l'autorité.

— Oui, mon ami, tel est en effet le principe de notre constitution. A la théorie fort nuageuse du droit divin, on a substitué le principe très positif et très précis de la souveraineté nationale, c'est-à-dire le gouvernement du pays par le pays.

» Voici, en deux mots, comment on l'applique. Le peuple élit des délégués qui font les lois et élisent le magistrat chargé de les faire exécuter. Celui-ci, en vertu de l'autorité qu'il tient des délégués du peuple, et par conséquent du peuple lui-même, nomme à tous les emplois et dirige tous les services publics. Il est lui-même soumis aux lois comme le moindre des citoyens.

» L'idée la plus simple était de donner le même titre et la même mission à tous les citoyens que le peuple charge de faire les lois. Ils auraient délibéré tous ensemble dans une assemblée unique. Du moment qu'il y a deux assemblées, elles peuvent se trouver en désaccord, soit sur un point particulier, soit sur la direction générale à donner à la politique. Mais on a pensé que ce danger pouvait être conjuré par divers moyens, tandis qu'il importait de faire passer une loi par l'épreuve de plusieurs discussions, devant des assemblées de nature différente, afin d'éviter la précipitation et les surprises dans une matière aussi grave. On a donc décidé que l'assemblée des délégués chargés de faire les lois, assemblée qu'on appelle le Parlement, serait divisée en deux Chambres qui discuteraient séparément, et l'une après l'autre, toutes les lois. L'une de ces Chambres s'appelle le Sénat, et l'autre s'appelle la Chambre des Députés. Dans certains cas, que je te dirai tout à l'heure, les deux Chambres du Parlement se réunissent en congrès ou assemblée nationale unique.

» Mais avant de parler des fonctions du Parlement il faut voir comment on l'élit.

— Oh ! pour cela, mon parrain, je le sais parfaitement.

— Tu es bien savant, en vérité ! Et veux-tu me faire part de ta science ?

— Oui, mon parrain. D'abord le maire dresse la liste des électeurs politiques et celle des électeurs communaux, sur lesquelles il inscrit tous les citoyens âgés de vingt et un ans jouissant de leurs droits civils et politiques, et remplissant les conditions de résidence fixées par la loi, et qui diffèrent pour les deux listes. Tous les citoyens peuvent prendre connaissance de ces listes, provoquer l'inscription de ceux qui ont été omis sans motif légal, ou la radiation de ceux qui ont été inscrits indûment. Ces réclamations doivent être faites dans les vingt jours qui suivent le dépôt des listes au secrétariat de la mairie, lequel dépôt est effectué le 15 janvier. Les réclamations sont jugées par le maire assisté d'une commission spéciale, et les décisions de la commission peuvent être déférées au juge de paix.

» Quand les électeurs sont convoqués, c'est tantôt pour élire des conseillers municipaux, tantôt pour élire un conseiller d'arrondissement, tantôt pour élire un conseiller général, et tantôt pour élire un député.

» Il n'y a pas de délai légal pour l'élection d'un conseiller municipal. S'il s'agit d'un conseiller d'arrondissement ou d'un conseiller général, le jour de l'élection doit être annoncé publiquement quinze jours d'avance. Il faut vingt jours d'avance quand il s'agit d'un député. Ces quinze jours et ces vingt jours, selon les cas, forment ce qu'on appelle la période électorale.

» Pendant la période électorale, les candidats peuvent provoquer des réunions publiques, afficher leurs professions de foi, pourvu que ce ne soit pas sur papic blanc, et répandre à profusion les bulletins de vote. Ici, mon parrain, quand il ne s'agit que du conseil municipal, il n'y a pas grand mouvement, parce qu'on s'entend toujours à l'avance. Je crois que presque tout le monde va demander à grand-père pour qui il faut voter. Mais j'ai déjà vu une élection pour le conseil général et une autre pour un député. C'est bien amusant! Nous avons eu une élection pour le conseil général cette année; il y avait deux candidats, M. de Saré et M. Merceret. On disait que M. de Saré était le candidat de grand-père, et M. Merceret celui de M. Éven. M. Merceret a tenu sa réunion au château du Folgouet, à une lieue du bourg, vous savez? Il n'y avait que des gros bonnets, tous invités à dîner au château, où l'on avait fait venir des provisions de Ploërmel et même de Vannes. M. Éven a fait un grand sermon, et M. Merceret lui a répondu. M. de Saré avait pris pour sa réunion le grand magasin de papa qui est dans la cour derrière le bazar, et il a laissé entrer tout le monde. Je n'y étais pas, comme vous pensez bien, parce que je ne suis pas électeur. Il paraît que M. de Saré a très bien parlé, et qu'il a promis de soutenir le gouvernement, à condition qu'il serait toujours sage et libéral. Tout le monde en sortant était satisfait. On ne lui reprochait que son intendant. Mais grand-père disait : Il ne sait pas que son intendant est souvent dur et impitoyable; ce n'est pas l'intendant que nous nommons, c'est M. de Saré; et M. de Saré est un homme plein de droiture, qui connaît bien nos intérêts et qui est dévoué à nos institutions.

» Il y avait eu, comme vous savez, mon parrain, une élection de député en 1877; mais j'étais bien petit dans ce temps-là. Je n'ai vu que du bruit et du mouvement. Grand-père, qui n'était pas adjoint, était toujours en colère. M. Merceret, celui qui a voulu depuis être conseiller général, était maire alors. Il fallait voir comme grand-père lui parlait! Un jour, il est venu à la maison, et il a dit à grand-père que s'il voulait voter pour son candidat, il le ferait nommer juge de paix. Grand-père l'a mis à la porte. Quand père est revenu de Vannes, le samedi soir, et qu'on lui a dit cela, il voulait aller, malgré la nuit, au château du Folgouet, pour trouver M. Merceret, et lui faire un mauvais parti. Maman s'est mise à pleurer; elle l'a retenu. Le lendemain elle était assise devant la boutique, en me tenant sur ses genoux, quand M. Merceret a passé pour aller à la messe. Il l'a saluée très bas; mais elle s'est levée toute droite : j'ai cru qu'elle me jetterait par terre. « Monsieur, lui dit-elle, vous avez insulté mon père! » Il est devenu très rouge et il est entré à l'église sans lui rien dire. Je n'oublierai jamais ce jour-là, parce qu'il y a eu des discussions et des larmes à la maison du matin au soir, et c'est la seule fois, mon parrain, que cela soit arrivé. M. Éven est venu après les vêpres, et père ne voulait pas le recevoir; mais grand-père a voulu qu'on le fît entrer et lui a donné la main. M. Éven lui a dit: « Jean Le Flô, je sais ce qui s'est passé entre vous et M. Merceret. Je blâme de pareilles manœuvres. Quand c'est mon parti qui les emploie, j'en suis profondément humilié. Mais ce que je tenais à vous dire, c'est qu'on n'aurait jamais dû faire cet outrage à un homme tel que vous. » Ils se sont embrassés; et mon père disait, après qu'il fut sorti: « Il y a d'honnêtes gens partout. »

Jeannic me fit tout son petit récit d'un air animé. Je ne manquai pas d'en tirer la morale. « Tu comprends, mon cher ami, qu'on peut s'efforcer d'éclairer les électeurs et de les convertir à son opinion, mais que c'est une véritable faute d'employer vis-à-vis d'eux les séductions ou les menaces : d'abord, parce que ce sont des moyens immoraux en eux-mêmes, et ensuite parce que, la volonté nationale étant la source de l'autorité, il faut qu'elle s'exprime en toute sincérité et en toute liberté. Remarque bien aussi la conduite de M. Éven. Il est bien rare, en France, qu'on rende justice à ses adversaires. Dès qu'un homme ne pense pas comme nous, il devient un ennemi, un pestiféré. Quand nous serons plus accoutumés aux mœurs d'un pays libre, nous saurons supporter la contradiction. On n'est pas du même parti, mais on est du même pays. Tout le monde, au fond, veut le bien, quoiqu'on le veuille par des moyens différents; et il vaut toujours mieux raisonner que disputer.

— Oui, mon parrain; mais on dit qu'on se dispute joliment dans la Chambre des Députés! Quand on lit le journal à la maison après dîner, j'entends toujours grand-père s'écrier : « Allons! voilà encore une scène! Voilà celui-ci qui cherche querelle à celui-là! Ils en viendront aux coups un de ces jours. Est-ce ainsi qu'on fait les affaires du pays? » Et tous ceux qui son là lui disent qu'il a raison. « Ce n'est pas pour cela que nous les avons nommés! Nous n'avons besoin que de paix et de concorde! Nous ne voulons plus de toutes ces agitations! »

— Ton grand-père et ses amis ont raison, mon enfant, et les députés ont tort toutes les fois qu'ils se querellent. Mais ils ne se querellent pas autant qu'on le dit; leurs disputes n'ont pas tous les funestes effets qu'on leur attribue, et enfin la série d'épreuves que nous avons traversées explique, si elle ne la justifie pas, l'animosité qui se manifeste quelquefois dans les discussions de la Chambre. Cela s'apaisera. C'est à la loi qu'il faut regarder, et non pas aux cris qu'on a poussés pendant qu'on la faisait. Les hommes réunis sont toujours un peu de grands enfants, et ils font du tapage en Angleterre et en Allemagne comme en France.

— Mon parrain, je comprends très bien l'élection des députés. Mais je ne me rends pas un compte exact de l'élection des sénateurs.

— C'est qu'en effet, mon ami, c'est une opération très compliquée. D'abord, il faut avoir quarante ans pour se présenter comme candidat. Les sénateurs sont élus pour tout le département, par une assemblée électorale composée des députés du département, des membres du conseil général, des membres des divers conseils d'arrondissement, et d'un délégué de chacune des communes du département, élu chaque fois pour cette unique fonction par le conseil municipal de la commune, qui peut le prendre hors de son sein. L'élection des sénateurs est donc faite à deux degrés pour les trois premières catégories d'électeurs, et à trois degrés pour les délégués communaux. »

XIV

LES POUVOIRS PUBLICS

« Nous avons 533 députés ; tout autant. La Chambre est renouvelée intégralement tous les quatre ans par des élections générales. Les députés siègent à Paris, au palais Bourbon.

» Les sénateurs siègent au palais du Luxemboug. Ils sont au nombre de 300.

» 225 seulement, sur 300, sont élus par les procédés que je t'ai décrits. Ceux-là sont élus pour neuf ans, et renouvelables par tiers tous les trois ans. Les 75 autres sont élus à vie par le Sénat lui-même à mesure des extinctions. Il y a donc 225 sénateurs amovibles, élus par le suffrage universel indirect, et 75 sénateurs inamovibles, élus par le Sénat.

» La session parlementaire commence en même

temps et finit en même temps pour les deux Chambres. Elle dure cinq mois, et peut durer davantage. Les membres du Parlement sont inviolables pendant la durée des sessions, c'est-à-dire qu'ils ne peuvent être poursuivis devant les tribunaux qu'avec l'autorisation de leurs collègues.

» Les opérations que doivent ou peuvent faire les Chambres sont au nombre de six :

» 1° Elles constituent chaque année leur bureau respectif, et modifient, s'il y a lieu, leur règlement.

» 2° Elles votent chaque année la loi de finances, qu'on appelle le budget.

» 3° Elles peuvent voter d'autres lois, soit sur la proposition du gouvernement, soit sur l'initiative d'un sénateur ou d'un député.

» 4° Elles peuvent adresser des questions ou des interpellations aux ministres.

» 5° Elles peuvent, en congrès, reviser la constitution.

» 6° Enfin, elles se réunissent quand il y a lieu pour élire en commun le président de la République.

» La Chambre des Députés a deux prérogatives qui lui sont propres :

» Elle discute toujours la première les lois de finances.

» Elle peut mettre en accusation le président de la République et les ministres; le président pour le cas de haute trahison seulement.

» Le Sénat a aussi deux attributions qui lui sont propres.

» Quand la Chambre des Députés a décidé la mise en accusation du Président de la République pour crime de haute trahison, ou des ministres pour quelque cause que ce soit, c'est à lui qu'il appartient de les juger. Il se transforme alors en haute cour de justice.

» En outre, la Chambre des Députés ne peut être dissoute avant l'expiration de son mandat, qui est de quatre ans, que sur l'avis conforme du Président de la République et du Sénat. Cette prérogative du Sénat est considérable, car lui-même ne peut être dissous en aucun cas. Il est à souhaiter, pour la tranquillité de l'État, que ce droit de dissolution ne soit jamais, ou presque jamais exercé. La dissolution est un appel adressé par le Président de la République et le Sénat au seul pouvoir souverain, qui est le suffrage universel. C'est comme si le Président de la République disait au pays : Il y a désaccord entre la Chambre que vous avez nommée et moi. Ce désaccord rend le gouvernement impossible, et comme aucun de nous ne veut céder, j'ai recours au peuple entier, notre maître commun. S'il donne raison contre moi à la Chambre que j'ai dissoute, mon devoir sera de changer de politique ou de me retirer. Les élections faites dans ces conditions équivalent à un plébiscite. »

Jeannic montrait pour ces questions plus de curiosité que je n'en aurais attendu d'un enfant de son âge. Il voulut avoir des renseignements plus précis sur les six opérations du Parlement.

D'abord sur l'élection du bureau.

« Chaque Chambre élit dans son sein, pour une année, un président, avec un certain nombre de vice-présidents et de secrétaires, et des administrateurs qui, sous le nom de questeurs, commandent aux employés et aux gens de service. Quand les deux Chambres se réunissent en congrès, le bureau de la Chambre des Députés disparaît, et celui du Sénat devient le bureau de l'Assemblée nationale. »

Il m'interrogea ensuite sur le budget.

« Le ministère prépare chaque année la liste de toutes les dépenses auxquelles il croit que la France sera obligée de suffire. Cette liste, très détaillée, très longue, qui contient un article spécial pour chaque genre de dépenses, s'appelle le budget des dépenses. Le ministère dresse en même temps la liste, et arrête le montant des divers impôts à l'aide desquels on fera face à toutes ces dépenses. Cette seconde liste est le budget des recettes. Quand le total des dépenses est égal à celui des recettes, on dit que le budget est en équilibre. Quand les recettes l'emportent sur les dépenses, on dit qu'il y a un excédent. Et quand ce sont, au contraire, les dépenses qui l'emportent sur les recettes, on dit qu'il y a un déficit. Cette dernière situation est très regrettable. L'Etat est toujours obligé de payer ses dettes. Quand les impôts ne suffisent pas, il peut recourir à un emprunt, mais il faut alors qu'il ait la certitude de rembourser exactement aux termes convenus le capital et les arrérages. En un mot, la fortune publique doit être administrée comme celle d'un particulier, qui passe pour un fou s'il dépense plus qu'il ne possède, et pour un malhonnête homme s'il emprunte sans avoir la certitude de restituer.

» Tu sais déjà qu'il y a des impôts sur la propriété foncière, sur les mutations de la propriété par vente ou héritage, sur l'exercice du commerce et des professions libérales, ce qui constitue l'impôt des patentes, sur la plupart des objets de consommation, etc.

» Toute loi de finances, le budget des dépenses, le budget des recettes, ou toute autre loi portant création d'une dépense nouvelle, doit être d'abord discutée par la Chambre des Députés.

» A présent, cher enfant, tu voudrais savoir ce que c'est qu'une question adressée à un ministre. Quand un membre du Parlement croit utile d'obtenir une explication publique sur la conduite ou les intentions du gouvernement, il demande cette explication au ministre compétent. S'il croit que le gouvernement a mal appliqué la loi, ou mal servi les intérêts du pays, il le dit en posant sa question, qui prend alors le nom d'interpellation. Il résume son opinion dans une phrase de blâme, qu'on appelle un ordre du jour motivé. Les amis du gouvernement opposent à cet ordre du jour un ordre du jour d'approbation. Cela forme ce qu'on appelle une question de portefeuille s'il ne s'agit que d'un ministre, ou une question de cabinet s'il s'agit de tous les ministres. Les ministres, quand ils veulent savoir si l'on a confiance en eux, peuvent poser spontanément la question de cabinet sans attendre une interpellation. Enfin lorsqu'ils sont battus sur une question importante, il va de soi qu'ils doivent se retirer, n'ayant plus la majorité dans le Parlement.

» Il existe une loi qui règle la compétence des pouvoirs publics et les rapports de ces pouvoirs les uns avec les autres. Cette loi est la loi constitutionnelle, la Constitution. C'est par elle que les deux Chambres et le Président de la République existent et donnent la vie au reste de nos institutions. Elle ne peut être modifiée comme les autres lois par un vote successif des deux Chambres. On y met plus de solennité et plus de difficultés, parce qu'il est nécessaire que la forme de l'Etat soit stable. Pour reviser la loi constitutionnelle, il faut d'abord que les deux Chambres délibérant séparément décident, à la majorité absolue, qu'il y a lieu de procéder à cette révision. Sur ces deux décisions conformes, les deux Chambres se réunissent en une assemblée unique, qui devient alors Assemblée constituante.

» La fusion des deux Chambres en une assemblée unique est également nécessaire toutes les fois qu'il y a lieu d'élire le Président de la République.

— Et cela n'arrive que tous les sept ans?

— Oui; à moins que le Président de la République ne meure, ou ne donne sa démission, ou ne soit condamné par le Sénat pour crime de haute trahison.

— Et dites-moi, mon parrain, quelles sont les attributions du Président?

— Halte-là! avant d'aller plus loin, il est bon de faire une remarque. Jusqu'ici nous n'avons parlé que du pouvoir législatif; nous sommes partis d'en bas, c'est-à-dire du simple électeur, pour monter au sénateur, au député, et enfin au Président de la République, qui se trouve être indirectement l'élu de toute la nation. A présent, pour répondre à ta question, nous suivrons un ordre inverse. Nous allons parler désormais du pouvoir exécutif dont les agents ne sont pas élus par leurs inférieurs, mais choisis au contraire par leurs supérieurs. Par conséquent, au lieu de monter, comme tout à l'heure, nous allons descendre depuis le chef de l'Etat jusqu'aux fonctionnaires les plus modestes, en passant par tous les degrés intermédiaires. »

Jeannic, un peu effrayé : « Et cela sera-t-il bien long, mon parrain?

— Non, vraiment. »

XV

L'ADMINISTRATION

« Le Président de la République a des fonctions d'apparat : présider des cérémonies, passer des revues, donner des fêtes, recevoir les souverains de passage à Paris, les ambassadeurs, les grands dignitaires de l'État, les sénateurs, les députés, les délégués des villes, des corporations ou des industries qui veulent l'entretenir de leurs intérêts.

» Mais sa fonction principale est de nommer les ministres.

» Son habileté consiste à choisir des ministres qui partagent les idées de la majorité ; et c'est aussi son devoir, car le gouvernement doit être l'expression de la volonté nationale.

» Les ministres délibèrent, en conseil des ministres,

sur toutes les affaires d'un intérêt général et considérable. Ce conseil est ordinairement présidé par le Président de la République; néanmoins il donne à l'un des ministres le titre de président du conseil et la haute direction de la politique. Les affaires d'une moindre importance sont décidées par le ministre compétent.

» Jamais le Président de la République ne donne un ordre sans le contreseing d'un ministre. Il est juste que les ministres aient toute l'autorité, puisqu'ils ont toute la responsabilité. Quand les Chambres sont mécontentes de la marche du gouvernement, c'est aux ministres qu'elles adressent leurs interpellations; ce sont les ministres qui sont renversés par un vote de blâme. Les ministres qui ont encouru la désapprobation de la Chambre remettent leur démission, et le Président de la République les remplace par un nouveau ministère, pris dans les rangs de la majorité qui a renversé l'ancien cabinet.

— Mon parrain, y a-t-il beaucoup de ministères?

— Leur nombre varie quelquefois. Aujourd'hui il y a douze ministères; mais il n'y a que dix ministres, parce que le ministère des cultes est réuni à celui de l'intérieur, et le ministère des beaux-arts à celui de l'instruction publique.

— Et quels sont les douze ministères, mon parrain?

— En voici la nomenclature, puisque tu tiens à la savoir : ministère des affaires étrangères, de la justice, de l'intérieur, des finances, de l'instruction publique, des cultes, des beaux-arts, du commerce et de l'agriculture, des travaux publics, des postes et télégraphes, de la guerre, et de la marine.

— Mon parrain, est-ce que le conseil des ministres est la même chose que le conseil d'État?

— Il n'y a rien de plus différent. D'où peut te venir cette pensée?

— C'est le nom. Il me semble que le nom de conseil d'État répond bien aux attributions du conseil des ministres, telles que vous venez de les définir. D'ailleurs, j'ai entendu grand-père dire qu'on pouvait en appeler au conseil d'État contre les abus d'autorité, et même quelquefois contre les décisions d'un ministre. Puisque les ministres sont la première autorité, je comprends bien qu'on en appelle d'un ministre agissant isolément à tous les ministres délibérant en commun. C'est ce qui m'a trompé, mon parrain. Dites-moi donc, s'il vous plaît, ce que c'est que le conseil d'État, puisque ce n'est pas le conseil des ministres.

— Les membres du conseil d'État sont nommés et révoqués par le conseil des ministres. Il se compose de plusieurs sections, dont l'une, qui porte le nom de section du contentieux, est un véritable tribunal, tenant des audiences publiques, entendant des avocats, et jugeant les contestations entre l'État et les particuliers sur des matières administratives. Le conseil d'État, par sa section du contentieux, exerce les fonctions de cour d'appel par rapport aux conseils de préfecture. Les autres sections sont chargées de l'examen de certaines affaires appartenant aux divers ministères, et qui soulèvent des questions de droit administratif ou de compétence. Elles procèdent à la liquidation des pensions de retraite. Elles donnent des avis aux ministres toutes les fois que ces avis leur sont demandés; elles préparent, dans les mêmes conditions, des projets de loi à soumettre au Parlement. Les sections réunies procèdent à l'examen des actes qui sont déférés au conseil comme constituant des abus d'autorité. Elles prononcent notamment sur les appels comme d'abus interjetés contre les prélats et autres dignitaires de l'Église catholique, soit par le gouvernement, soit par les particuliers. Une des principales fonctions du conseil d'État est de faire des règlements d'administration publique, quand il en est chargé par une loi. Ce règlement devient obligatoire comme la loi elle-même. Le conseil a un vice-président, choisi par le gouvernement parmi les conseillers d'État. Le président est le ministre de la justice, qui préside très rarement. Tous les ministres peuvent siéger au conseil pour les affaires qui les concernent.

» A présent, ami Jeannic, j'espère que tu ne vas pas me demander de te détailler les attributions de chacun des ministres. Quand tu auras besoin de les connaître en détail, tu prendras l'Almanach national, qui te fournira les renseignements les plus minutieux. Tu n'es pas homme à croire que le ministre du commerce nomme les magistrats, que le ministre de la guerre commande les vaisseaux, ou le ministre de la marine la cavalerie?

— Non! non! non! mon parrain. Et je n'ai pas besoin non plus que vous me disiez que le ministre de l'instruction publique s'occupe des écoles, que le ministre des travaux publics a dans ses attributions les édifices nationaux, les routes, les chemins de fer, les canaux, les phares... Mais, mon parrain, que fait le ministre des affaires étrangères?

— Ce qu'il fait? C'est lui qui correspond avec les autres États pour toutes les affaires où nous avons des intérêts à régler avec eux. Ces intérêts se règlent par des traités ou des conventions; et quand malheureusement on ne parvient pas à s'entendre, on est obligé d'en venir à la guerre, ce qui est affreux. Le ministre des affaires étrangères entretient au dehors deux sortes d'agents: les uns, qui s'occupent surtout de politique, et résident auprès des souverains, se nomment ambassadeurs, ministres plénipotentiaires, envoyés extraordinaires, chargés d'affaires; les autres, qui sont surtout chargés de nos intérêts commerciaux à l'étranger, sont consuls généraux, consuls, vice-consuls, agents consulaires, suivant l'importance commerciale de leur résidence. C'est auprès de ces divers agents que les Français se trouvant à l'étranger doivent chercher la protection, l'assistance et les renseignements dont ils peuvent avoir besoin.

— Et les colonies, mon parrain, quel est le ministre qui est chargé de leurs affaires?

— Il faut distinguer. L'Algérie, qui est notre principale colonie, et qui a l'étendue d'un empire, est à présent divisée en trois départements, administrés par des préfets ; elle est, presque en tous points, assimilée à la mère patrie. Elle a un gouverneur général qui centralise toutes les affaires, et s'entend pour chacune d'elles avec les ministres compétents. Néanmoins le budget de l'Algérie est réuni au budget de l'intérieur, et c'est le ministre de l'intérieur qui a la responsabilité principale du gouvernement de cette colonie.

» Toutes nos autres colonies, à l'exception de celle-là, sont sous l'autorité du ministre de la marine.

» Les principales sont, dans les Antilles (Amérique du Nord), la Martinique, et dans l'Amérique du Sud, la Guadeloupe, la Guyane française ; en Afrique, le Sénégal, l'île de la Réunion ; en Asie, l'Inde française et la Cochinchine.

» Nous avions autrefois des colonies admirables, que nous avons eu le malheur de perdre. Ainsi nous avions, en Asie, une partie des Indes ; en Amérique, la Louisiane et le Canada. Nous avions aussi la partie occidentale d'Haïti, qui s'appelait alors l'île de Saint-Domingue.

— Mon parrain, qu'est-ce donc que la Nouvelle-Calédonie?

— C'est une de nos colonies situées dans l'Océanie,

et où nous transportons les condamnés aux travaux forcés, qui subissaient autrefois leur peine dans les bagnes de Toulon et de Brest.

— Et le ministre des cultes, mon parrain? Est-ce lui qui nomme les curés?

— Non, mon ami. Avant la révolution, il y avait une intime alliance entre l'État et la religion catholique. Tu te rappelles ce que je t'ai dit sur l'obligation imposée autrefois à tous les Français, sous des peines sévères, qui même, à certaines époques, ont été atroces, de pratiquer la religion catholique. Le clergé catholique était alors un des trois ordres de l'État. Après la révolution, la liberté des cultes a été proclamée; mais Bonaparte a fait une convention avec le pape pour régler la situation de la religion catholique en France. Cette convention s'appelle le Concordat. C'est le seul exemple de l'État concluant un traité avec un souverain étranger pour régler les intérêts et les droits de ses propres citoyens. En vertu du Concordat, le ministre des cultes, ou pour mieux dire le Président de la République, et le conseil des ministres sur la présentation du ministre des cultes, nomme les cardinaux, les archevêques et les évêques. Mais ce sont les archevêques et les évêques qui nomment les curés; le gouvernement ne fait que confirmer et sanctionner leur nomination. Tous les autres prêtres, vicaires, succursalistes, desservants, dépendent absolument des évêques, qui les nomment ou les révoquent selon leur volonté.

» Les protestants et les juifs, n'ayant pas un chef suprême de leur religion résidant à l'étranger avec l'indépendance d'un souverain, n'ont pas de concordat. Les membres des conseils et consistoires sont élus par les paroisses et communautés; le gouvernement nomme à toutes les fonctions ecclésiastiques.

— Mon parrain, il y a encore le ministre de l'intérieur qui m'embarrasse.

— Et pourquoi cela, grand Dieu!

— C'est qu'en vérité je ne sais pas ce qu'il fait.

— Ce qu'il fait, Jeannic? C'est le ministre le plus occupé!

— Eh bien, cela m'étonne. Voyez donc, mon parrain : ce n'est pas lui qui commande l'armée, ni la marine; il ne fait pas les routes; il ne perçoit pas les impôts; il ne nomme pas les juges, il ne nomme pas les professeurs. L'armée, les travaux publics, les finances, la justice, le commerce, l'industrie, les postes, les télégraphes, les écoles, le clergé, tout lui échappe, tout dépend de ses collègues. C'est pourquoi, mon parrain, je me demande ce qui lui reste à faire.

— Tu crois que le ministre de l'intérieur est étranger à tout, et il se trouve au contraire qu'il n'est étranger à rien. D'abord, il a un service qui lui appartient en propre, à lui seul : c'est celui de la police. C'est lui qui est chargé de maintenir l'ordre. N'eût-il que cette fonction, il n'y en a pas de plus considérable. Mais, en outre, il est l'homme d'affaires du pays par excellence, le grand moteur et le grand directeur de toute l'administration. Tu n'as qu'à regarder le chef-lieu d'un département : tous les ministères y sont représentés : la guerre par un général, les cultes par un évêque, les finances par le trésorier payeur général, et par plusieurs autres fonctionnaires, tels que le conservateur des hypothèques, le directeur de l'enregistrement, etc., les travaux publics par l'ingénieur en chef, l'instruction publique par divers inspecteurs et même, dans certains départements, par un recteur d'académie. Mais tous ces chefs de service sont en rapport perpétuel avec le préfet, représentant du ministre de l'intérieur, avec le préfet, qui a la haute main sur la plupart d'entre eux, qui concourt avec presque tous à l'accomplissement de leur mandat, qui réunit en quelque sorte en un faisceau toutes ces administrations diverses pour qu'elles se connaissent, s'entendent, et s'appuient l'une sur l'autre, au lieu de se contrarier. Par l'importance du préfet dans son département, tu peux juger de l'importance dans l'État du ministre de l'intérieur, dont les préfets sont les agents directs.

—Pourquoi dites-vous, mon parrain, que le préfet concourt, avec la plupart des chefs de service, à l'accomplissement de leur mandat?

— Tu vas le voir. Je prends d'abord la guerre. Assurément, le préfet ne commande pas la troupe;

mais tout ce qui touche au recrutement est sous son autorité directe. Il ne perçoit pas les impôts; mais les départements et les communes ont une fortune et des revenus dans l'administration desquels il intervient. Il ne se mêle pas de la justice; mais les condamnés sont remis entre ses mains; les prisons sont exclusivement de son ressort. Il nomme, révoque, punit les instituteurs; il exerce à leur égard les fonctions de recteur de l'académie; l'inspecteur de l'académie se borne à lui soumettre ses propositions. Il a autorité sur l'ingénieur en chef du département pour tout ce qui touche aux routes départementales et aux chemins vicinaux. Il gère la fortune du département sous l'autorité du conseil général, comme le maire gère la fortune de la commune sous l'autorité du conseil municipal. En un mot, sa main est partout. Il est le chef du département.

» C'est un ministre de l'intérieur au petit pied. Pour que l'analogie soit plus complète, il a auprès de lui un conseil de préfecture, qui est le tribunal de première instance en matière administrative. C'est au conseil de préfecture que les citoyens doivent s'adresser quand ils croient avoir été taxés illégalement par les agents des finances.

» Enfin, il y a aussi, dans chaque département, une image, il est vrai, très imparfaite, des Chambres législatives : c'est le conseil général, composé de membres élus par le suffrage universel à raison d'un membre pour chaque canton. Le conseil général tient deux sessions par an. Elles ne durent que quelques jours. Il arrête le budget du département qui lui est proposé par le préfet, donne son avis sur les routes, les canaux, les foires, les hôpitaux et hospices, émet des vœux qui sont transmis par le préfet au ministre de l'intérieur.

» Les membres du conseil général, désignés à cet effet, accompagnent le préfet dans une visite qu'il fait chaque année dans tous les cantons pour décider sur les cas d'excuse ou d'exemption présentés par les jeunes soldats. Cette visite s'appelle la tournée de révision.

» Chaque membre du conseil général est de droit électeur sénatorial.

» S'il survenait à Paris une crise politique telle que les Chambres régulièrement élues fussent dans l'impossibilité de fonctionner, les conseils généraux se réuniraient de plein droit, et nommeraient dans leur sein deux délégués pour former une assemblée intérimaire.

» Le conseil général nomme chaque année une commission départementale composée de quatre membres au moins et de sept au plus, qui le représente auprès du préfet pendant l'intervalle des sessions.

» Ainsi le préfet, assisté par son conseil de préfecture, contrôlé dans la gestion des intérêts du département par le conseil général, et secondé dans la direction des services publics par les chefs des diverses administrations, représente, dans son chef-lieu, une assez fidèle image du gouvernement central.

— Est-ce que les préfets sont les seuls agents immédiats du ministre de l'intérieur?

— Il a auprès de lui des inspecteurs généraux pour divers services : pour les établissements de bienfaisance, pour les asiles d'aliénés, pour les établissements pénitentiaires, pour les archives départementales. Mais ses agents directs, immédiats, sont les 86 préfets des départements territoriaux, les trois préfets de l'Algérie et l'administrateur du territoire de Belfort, un lambeau du département du Haut-Rhin qui nous est resté après le démembrement que la France a subi en 1871.

— Et les arrondissements, sont-ils une image du département, comme le département est une image de l'État?

— Chaque arrondissement a un sous-préfet et un conseil d'arrondissement élu; là se borne la ressemblance. Elle est tout extérieure. Le sous-préfet remplace le préfet pour quelques-unes de ses fonctions: par exemple, il préside au tirage au sort; il veille à ce que les lois soient observées par les conseils municipaux et les maires. En réalité, il n'a pas d'autorité propre, il n'est que le substitut du préfet. De même, le conseil d'arrondissement émet des vœux sur les besoins de l'arrondissement et prépare quelques affaires pour le conseil général; mais toute la puissance de contrôle est au conseil général, comme toute la puissance d'action est au préfet. Le département seul forme une unité vivante au sein de la nation; de même la commune. L'État, le département, la commune, voilà les trois éléments dont se compose notre vie nationale. Les autres divisions, telles que les ressorts des cours d'appel et des académies, les divisions militaires, les centres d'inspections générales, ont plus d'étendue que le département, mais ne forment pas comme lui, en quelque sorte, une unité vivante. De même, dans l'intérieur du département, l'arrondissement, le canton, ne sont que des moyens de faciliter l'administration. Mais la commune est un tout très fortement constitué, qui a son unité, son développement, son histoire, ses traditions.

— Il me semble, mon parrain, qu'à présent que vous m'avez montré ce que c'est qu'un préfet et un ministre, je comprends bien mieux ce que c'est qu'un maire.

— Et un adjoint. Ton grand-père, mon ami, n'est pas un personnage dans l'État. Il est bien connu à Saint-Jean, à Plumelec, à Bignan et à Saint-Allouestre. Le sous-préfet de Ploërmel et le préfet de Vannes le connaissent aussi certainement; là finit sa notoriété. Il est inférieur à M. le maire, puisqu'il n'est que son adjoint; il a des ordres à recevoir du sous-préfet; presque tous les fonctionnaires se croient au-dessus de lui. Ce n'est d'ailleurs qu'un adjoint de village. Le maire et les adjoints de Ploërmel, de Josselin, de Locminé, et même de Malétroit, qui a deux fois la population de Saint-Jean, peuvent le regarder du haut de leur grandeur.

» Cependant, mon ami, quoi qu'il y ait dans le bourg presque autant de légitimistes que de républicains, peu s'en est fallu qu'il n'ait été nommé conseiller municipal à l'unanimité. C'est à l'unanimité que le conseil municipal l'a nommé adjoint. Il n'est pas maire, parce qu'il a refusé de l'être. Un autre a consenti, sur sa demande, à prendre le titre, et lui a laissé les fonctions. Sa double qualité de magistrat élu et de fonctionnaire sans traitement lui donne le droit de parler haut devant les fonctionnaires les plus élevés, et il use largement de ce droit quand les intérêts de la commune sont en jeu. Cela ne l'empêche pas d'obéir exactement aux ordres qu'il reçoit de ses supérieurs comme agent du gouvernement, car tu sais la dualité du maire, chargé de représenter ses concitoyens devant le gouvernement et le gouvernement devant ses concitoyens. A prendre les choses au pied de la lettre, il ne fait jamais qu'exécuter les ordres qu'on lui intime, ou profiter des permissions qu'on lui donne. C'est le préfet qui lui a prescrit de faire fermer les cabarets à huit heures ; c'est le conseil municipal qui a voté l'empierrement des rues, l'achat des réverbères, et la construction du groupe scolaire et de la mairie.

» Mais laisse-moi te dire la situation où était le village la dernière fois que j'y suis venu, en 1848.

» D'abord il y avait beaucoup moins d'habitants et de maisons. Toutes les maisons étaient couvertes de paille, à l'exception de Kerjau, du presbytère et de la ferme de M. Guillemot; elles étaient bâties çà et là le long du chemin, comme si on les avait mises dans un cornet et jetées au hasard sur une prairie. Le chemin lui-même, car on ne pouvait pas lui donner le nom de rue, était rempli en hiver d'une boue inextricable, en été de flots de poussière. Le clocher de l'église penchait terriblement, c'est à peine si l'on osait sonner les cloches. Il n'y avait que deux boutiques dans le bourg; il fallait attendre la foire de Saint-Jean ou celle de Loc-Maria, ou faire venir de Vannes tout ce dont on avait besoin, même le pain blanc, dont on faisait provision le samedi pour toute la semaine. Il y avait une école, et même une école toute nouvelle, dont ton grand-père avait obtenu la création, Dieu sait au prix de combien d'exhortations et de démarches; mais il fallait voir cette école. On y marchait dans la boue, on n'y voyait pas.

» Regarde à présent ce que le bourg est devenu. Tu es habitué à ces magnificences; tu n'en jouis pas comme moi, qui ai vu nos misères. D'abord, il n'y a plus que deux maisons couvertes de paille, et ton grand-père assure qu'elles vont disparaître. C'est la maison de Jean-Louis et celle de Perrot. Regarde-les bien avec leurs murs de torchis, tout bossués, tout penchés, leur porte mal assujettie qu'on laisse ouverte toute la journée parce qu'il n'y a pas d'autre jour sur la rue, leur sol gras et fangeux, leurs escabeaux boiteux, leur coffre qui sert d'armoire, de garde-manger et de table à manger, leur cheminée à peine maçonnée qui remplit la hutte d'une fumée épaisse dès qu'on allume un peu de feu : c'est tout le Saint-Jean d'autrefois. Nos amis d'ici s'imaginaient, il y a trente ans, qu'il fallait être logés comme cela, qu'il n'y avait rien à y faire. A présent, toutes les maisons ont un étage et une couverture d'ardoises. La maison de ton père a deux étages et un balcon de bois à la fenêtre du milieu. Toutes les chambres, dans toutes les maisons, sont planchéiées, en bonnes planches de sapin, bien jointoyées. On a des chaises de paille, des lits entourés de rideaux, des tables, du papier peint, avec de jolies couleurs, sur les murailles et les cloisons. Les cheminées ne fument plus. Sur la cheminée des bourgeois il y a une glace, une pendule et deux flambeaux. La place de la République, avec sa fontaine, son eau courante et ses arbres, est vraiment très gaie et très agréable. Les boutiques sont bien garnies. On vient de Guéhenno et de Bignan pour acheter chez ton père. Quant à la mairie et aux écoles, ce sont des palais. Il y en a de plus grandes ailleurs, mais il n'y en a pas de plus salubres, de mieux agencées, de plus réjouissantes pour l'œil. Les rues sont bien empierrées, éclairées le soir ; on n'y voit plus de pourceaux et de chiens errants, et ce que j'admire encore plus, on n'y voit plus d'ivrognes. Les hommes ont changé comme les choses.

» Est-ce M. le préfet qui est cause de tout cela? ou M. le sous-préfet? ou M. Gaudin? ou le conseil municipal? Demande-le-leur à eux-mêmes. On te répondra partout d'une voix unanime : C'est Jean Le Flô. C'est lui qui a eu l'idée de toutes ces améliorations, lui qui les a prônées et rendues populaires, lui qui a constamment donné l'exemple du dévouement, du désintéressement, de la persévérance ; lui qui, porté au conseil municipal sans y avoir même pensé, en est devenu la lumière, et très promptement le chef. Il est ici, au milieu de vous, comme un père au milieu de ses enfants, aimé de tout le monde et simple avec tout le monde, aussi modeste dans ses grandeurs et aussi oublieux de lui-même que quand il n'était que maître d'école. Voilà, mon enfant, ce que peut être un maire de village. Il est vrai, malheureusement, qu'il n'y a pas beaucoup de Jean Le Flô dans le monde. »

Jeannic m'avait écouté avec ravissement. Mais je le vis tout à coup un peu agité. Il rougissait, il évitait mes regards ; il était évidemment en proie à une grande émotion. Enfin, il vint se placer derrière ma chaise, et parlant presque à mon oreille, d'une voix troublée : « Mon parrain..., je voudrais savoir, mon parrain, s'il est vrai que grand-père ait été votre domestique. »

Je me retournai sur-le-champ, je lui pris les deux mains et, plongeant mes yeux dans les siens : « Oui, Jeannic, lui dis-je avec gravité. Ton grand-père n'a pas de famille : il a été élevé ici par charité ; il a été garçon d'écurie chez mon père, et plus tard garçon de charrue chez M. Ozon. Est-ce que tu crois, mon enfant, que cela le diminue? Cela le grandit au contraire. Il est certain que j'ai été son maître; je serais trop heureux et trop honoré à présent de pouvoir me dire son égal. Il était en naissant, et dans la première moitié de sa vie, ce qu'on appelle un déshérité, un misérable. Il mourra pauvre, comme tu sais, et il n'est pas allé bien loin, il ne s'est pas élevé bien haut. Mais il est le bienfaiteur de ses concitoyens, notre exemple et notre modèle à tous... »

Mon Jeannic renfonça quelques larmes qui avaient coulé malgré lui, et se jeta à mon cou. Il était en train ce jour-là de prodiguer ses démonstrations de joie et ses caresses, car je le vis passer un moment après avec son grand-père, tenant sa main qu'il baisait de temps en temps avec ferveur, criant et gambadant comme un philosophe de douze ans qui en a fini avec les ennuis de la vie politique, et qui se sent le cœur gonflé de jeunesse, d'admiration et d'amour.

TABLE DES MATIÈRES

FIN DE LA TABLE DES MATIÈRES.

PARIS. — IMPRIMERIE ÉMILE MARTINET, RUE MIGNON, 2.

www.ingramcontent.com/pod-product-compliance
Ingram Content Group UK Ltd.
Pitfield, Milton Keynes, MK11 3LW, UK
UKHW020142220726
13923UKWH00001B/328